W0412777

CHRISTINA HILLESHEIM

ENTSPANNT STATT AUSGEBRANNT

25 LEKTIONEN, um gelassener durchs Leben zu gehen

KOMPLETTMEDIA

Klimaneutral
Druckprodukt
ClimatePartner.com/13336-1905-1001

MIX
Aus verantwortungsvollen Quellen
FSC® C129413
FSC
www.fsc.org

Originalausgabe
3. Auflage 2023
Verlag Komplett-Media GmbH
2023, München
www.komplett-media.de
ISBN: 978-3-8312-0618-6
Auch als E-Book erhältlich

Lektorat: Redaktionsbüro Diana Napolitano, Augsburg
Korrektorat: Katharina Theml, Wiesbaden
Umschlaggestaltung: FAVORITBUERO, München
Layout & Illustrationen: Heike Kmiotek www.heike-kmiotek.de
Satz: Buch-Werkstatt GmbH, Bad Aibling
Druck & Bindung: COULEURS Print & more, Köln
Gedruckt in der EU

Dieses Werk sowie alle darin enthaltenen Beiträge und Abbildungen sind urheberrechtlich geschützt. Jede Verwertung, die nicht ausdrücklich vom Urheberrecht zugelassen ist, bedarf der vorherigen schriftlichen Zustimmung des Verlags. Das gilt insbesondere für Vervielfältigungen, Bearbeitungen, Übersetzungen, Mikroverfilmungen und die Speicherung und Verarbeitung in elektronischen Systemen sowie für das Recht der öffentlichen Zugänglichmachung.

Für

Henry

Inhaltsverzeichnis

Manchmal **ruckelt**

es etwas,

bevor das Leben in den nächsten
Gang schaltet.

Prolog

Bis kurz vorm Sommer 2016 war ich Chefredakteurin bei einem kleinen Verlag in München. Ich hatte in den letzten Jahren einige schwere Trennungen hinter mir, so ziemlich alle meine Freundinnen waren bereits verheiratet und hatten Kinder, und ich fühlte mich verloren und vor allem wahnsinnig einsam.

Auch in meinem Job war ich nicht mehr so richtig glücklich, denn ich hatte immer das nagende Gefühl: Da muss doch noch mehr sein! Soll es das wirklich schon gewesen sein? Ich habe mich aber nie getraut, etwas an meinem Leben zu verändern, aus Angst, dass es am Ende doch nicht klappt. Denn wie heißt es so schön: »Man muss ja auch mal mit dem zufrieden sein, was man hat.«

Ich kann mich noch ziemlich gut an einen Moment Ende 2015 erinnern, als mich ein Freund fragte, ob ich eigentlich glücklich mit meinem Leben sei. Ich antwortete ihm: »Ja, es ist ganz okay!« Und er erwiderte: »Aber das kann doch nicht der Anspruch sein.« Ich muss auch heute noch viel an diesen Satz denken. Denn das kann tatsächlich nicht der Anspruch an mein Leben sein. Zu diesem Zeitpunkt fiel mir, im Nachhinein betrachtet, das erste Mal so richtig auf, dass irgendwas in meinem Leben so ganz und gar nicht stimmte.

Ich hatte große Probleme damit, Nein zu sagen, wenn ich etwas nicht wollte, weil ich ständig ein schlechtes Gewissen hatte. Dass dies nicht unbedingt »normal« ist und es auch anders geht, war mir aber zum damaligen Zeitpunkt nicht wirklich bewusst.

Meine Gefühle und Bedürfnisse verdrängte ich am Ende so lange, bis mein gesundheitlicher Zustand im August 2016 immer schlimmer wurde. Ich konnte so gut wie gar nicht mehr schlafen, war ständig übermüdet, überreizt, und mir war alles zu viel. Ich hatte fast nur noch negative Gedanken und eigentlich vor fast allem Angst. Vor allem vor meiner eigenen Zukunft. Dazu kam eine fast unerträgliche innere Unruhe und Angespanntheit. Ich fühlte mich wortwörtlich wie kurz vorm Platzen, war verzweifelt, wusste nicht, was mit mir los war. Und das Schlimmste war: Ich dachte, das bleibt jetzt alles so und geht nie wieder weg. Und ich bin auch noch selbst daran schuld.

Denn natürlich habe ich den Fehler zuerst bei mir gesucht, so habe ich es ja schließlich immer gemacht. Denn ich muss doch »einfach nur positiver denken«, und dann wird es mir auch besser gehen. Nur konnte ich genau das leider nicht mehr: positiv denken. Ich wurde auf unbestimmte Zeit mit der Diagnose »Burnout mit generalisierter Angststörung« krank geschrieben, und es folgten drei schlimme Monate, in denen ich fast täglich mit starken Angstzuständen zu kämpfen hatte, die mich tagsüber und auch nachts aus heiterem Himmel überfallen haben. Dann gesellte sich zur Angst irgendwann eine ganz tiefe Schwere und Traurigkeit, die sich nur sehr schwer in Worte fassen lässt. Es war so ein lähmendes und hoffnungsloses Gefühl, und mir war klar: Das kann ich auf keinen Fall lange aushalten. Ich weiß noch, wie ich damals dachte: »So fühlt sich also eine Depression an!«

Und damit war mir auch klar, warum Depressionen so quälend für viele erkrankte Menschen sind. Ich glaube, wenn jemand dieses erdrückende Gefühl nicht selbst erlebt hat, kann er es nicht vollumfänglich in seiner ganzen überwältigenden Intensität und Stärke verstehen. Mein psychischer Zustand hat mir auf jeden Fall eine Heidenangst gemacht. Und ich wusste: »Das ist jetzt wirklich ernst, Christina. Du musst etwas verändern.«

Im November 2016 fand ich dann endlich einen guten Arzt, und ich hatte zum ersten Mal das Gefühl: Endlich ist da jemand, der mir hilft und meine Lage versteht. Ich fasste wieder Mut und fing an, nachzuforschen und darüber zu lesen, wie und warum Ängste und Depressionen eigentlich entstehen können. Ich fing endlich an, mein Leben zu hinterfragen: Bin ich eigentlich glücklich? Und was muss ich ändern, damit ich es bin?

Was dann folgte, war ein langer Weg der Heilung. Mit unglaublich vielen Erkenntnissen und Aha-Momenten. Ich erkannte, dass viel von unserem Stress und unserem Leid hausgemacht ist. Und dass wir es selbst in der Hand haben, unser Leben zu »ent-stressen« und zu mehr Gelassenheit zu finden. Wie das gelingen kann, habe ich in diesem Buch für dich in 25 Lektionen zusammengefasst.

Ich möchte mit diesem Buch allen Menschen Mut machen, die das Gefühl haben, im Hamsterrad gefangen zu sein. Die sich ausgebrannt und gestresst fühlen und sich nach mehr Leichtigkeit sehnen. Es ist unter anderem für Menschen, die in einer ähnlichen Situation stecken wie ich damals.

Ich möchte, dass du erkennst, dass in einer Krise und in einer schwierigen Lebenssituation auch immer etwas Positives stecken kann. Und dass es sich lohnt, durch diese schwere Zeiten hindurchzugehen, weiterzumachen und nicht aufzugeben. Denn genau dieser steinige und beschwerliche Weg führt uns am Ende zu den schönsten Plätzen im Leben mit einer unglaublich tollen Aussicht. Heute würde ich sagen, dass mein Burnout das Beste war, was mir passieren konnte. (Und ich hätte *niemals* gedacht, dass ich das einmal sagen würde.) Denn es hat mich so viel gelehrt und mich zu meiner Berufung geführt: Menschen auf dem Weg in ein selbstbestimmtes, glückliches und freies Leben zu begleiten. Ich danke dir von Herzen, dass du mit dem Kauf dieses Buches ein Teil davon bist!

Lektion 1:

Bin ich glücklich?

»Als ich 5 Jahre alt war, sagte mir meine Mutter immer, dass es das Wichtigste im Leben sei, glücklich zu sein.
Als ich zur Schule ging, fragten sie mich, was ich werden wollte, wenn ich groß bin.
Ich sagte: ›Glücklich.‹ Sie sagten mir, dass ich die Frage nicht verstanden habe, und ich sagte ihnen, dass sie das Leben nicht verstehen.«

JOHN LENNON, BRITISCHER MUSIKER

Bin ich eigentlich glücklich? Bin ich gerade genau dort, wo ich sein will? Führe ich das Leben, das ich aus tiefstem Herzen führen will?

Sei mal ehrlich, wie oft hast du dir diese Fragen schon gestellt? Wenn es dir so geht wie mir vor einigen Jahren, vermutlich nicht sehr oft. Und wie oft fragst du dich, was du anziehen sollst? Na, erwischt? Vermutlich jeden einzelnen Tag, oder?

Ich finde es ziemlich spannend, dass wir uns ganz oft Fragen stellen, deren Antworten so gut wie keinen Einfluss auf unser Leben haben. Wir verbringen unglaublich viel Zeit damit, über Dinge nachzudenken, die eigentlich ziemlich egal sind.

Die Dinge, die jedoch *wirklich* von Bedeutung für unser Leben sind, vor denen laufen wir oft weg. Es ist auch nicht so, als hätten wir keine Antworten auf die wichtigen Lebensfragen. Tief in unserem Inneren kennen wir die Antworten ganz genau, wir wollen sie nur oft nicht hören. Denn dann wird's unbequem. Dann müssten wir nämlich etwas ändern und aus unserer Komfortzone heraus. Und das machen wir Menschen bekanntlich nicht so gern. Wir sind so gestrickt, dass wir unangenehme Situationen gern vermeiden. Dabei ist diese Fähigkeit im Leben unglaublich wichtig: Kurzfristig Leid aushalten zu können, um langfristiges Leid zu vermeiden.

Wir machen es aber genau umgekehrt: Wir vermeiden kurzfristiges Leid und nehmen damit langfristig ein unglückliches Leben in Kauf. Viele von uns würden keine zehn Meter in unbequemen Schuhen laufen, aber ein unbequemes Leben führen manche jahre- oder sogar jahrzehntelang. Was für zu enge Schuhe gilt, gilt aber auch für unser Leben: Wenn es wehtut, dann passt etwas nicht! Wie finde ich aber nun heraus, was ich wirklich will und was mir wirklich wichtig im Leben ist? Zwei Dinge, die mir damals geholfen haben und die ich dir dazu weitergeben kann, sind:

Verbringe Zeit allein

Das Alleinsein fiel mir lange Zeit meines Lebens sehr schwer. Schon als Kind habe ich mich schnell gelangweilt und habe es gehasst, allein zu sein. Ich war immer lieber mitten im Trubel, hatte ständig Leute um mich. Das habe ich auch als Jugendliche und junge Erwachsene so fortgeführt. Und das artete in einen ziemlichen Freizeitstress aus. Ich hatte fast jeden Abend Termine zum Essen, fürs Kino oder für eine Veranstaltung. Ich wollte immer »irgendwas erleben«. Hauptsache, nicht allein zu Hause sein. Denn dann wäre mir sicher viel eher klar geworden, wie einsam und verloren ich mich eigentlich fühlte. Wenn man ein Leben im Einklang und in Balance mit sich selbst führen will, muss man sich zuerst einmal selbst kennenlernen. Und man lernt sich nicht kennen, wenn man so gut wie nie allein ist und keine Zeit mit sich selbst verbringt. Deshalb ist dieser Tipp so unglaublich wertvoll.

Heute bin ich sehr gern allein. Ich sitze im Park, im Café oder gehe in die Stadt. Alles Dinge, die ich früher nie getan hätte. Ich dachte immer: »Ist ja peinlich, wenn ich dort allein sitze, was denken denn die Leute dann?!« Heute gebe ich nicht mehr so viel darauf, was die anderen denken könnten. Ich tue das, was sich für mich richtig anfühlt. Auch wenn das heißt, dass es andere manchmal nicht verstehen – das müssen sie auch gar nicht. Denn soll ich dir mal ein Geheimnis verraten?

Die Gedanken und Sorgen der anderen Menschen drehen sich nicht etwa um dich, sondern meistens um sie selbst. Mach dir also nicht so viele Gedanken, ob andere dich mögen, denn die meisten mögen sich noch nicht einmal selbst!

Folge der Freude

Für Kinder ist es ganz natürlich, ihrer Freude zu folgen und das zu tun, was sie glücklich macht. Wir Erwachsenen haben das meistens im Lauf unseres Lebens verlernt. Würde man mich nach den wichtigsten Eigenschaften fragen, die ein Mensch für ein glückliches Leben braucht, wäre die Begeisterungsfähigkeit ganz vorn mit dabei. Ich selbst kann mich sehr begeistern. So war ich schon als Kind. Ich kann mich ganz arg über Dinge freuen und mich in irgendwas hineinträumen. Das äußerte sich dann so, dass ich meine halbe Jugend mit Take That und Robbie Williams verbracht und zahlreiche Konzerte gesehen habe und mich über Jahre hinweg unendlich in meinen damaligen Skilehrer verknallt hatte. Auch heute bin ich immer noch sehr schnell Feuer und Flamme für etwas. So sitze ich oft mehrere Stunden am Stück an meinem Schreibtisch und schreibe zum Beispiel an diesem Buch – ohne etwas zu essen, zu trinken oder mich in eine andere Position zu setzen. Was im Übrigen – auch rückentechnisch – nicht immer zu empfehlen ist. :-)

Aber grundsätzlich ist Begeisterungsfähigkeit etwas ganz Tolles. Denn die Fähigkeit zur Begeisterung zeigt uns, was uns wirklich wichtig im Leben ist und wo unsere Leidenschaft liegt. Ja, manchmal ist das vielleicht auch ein »verrücktes« Hobby, in das wir uns flüchten. Und vielleicht ist es auch manchmal etwas übertrieben.

»Christina, du darfst dich da nicht so reinsteigern!« ist ein Satz, den ich in den letzten 40 Jahren meines Lebens sehr, sehr oft gehört habe. Dieses »Reinsteigern« ist sehr negativ behaftet, hat aber auch viele positive Seiten: zum Beispiel, wenn wir das Hineinsteigern für gute und sinnvolle Dinge nutzen, die uns Freude bereiten und uns weiterbringen.

Ich möchte dich mit dieser ersten Lektion dazu animieren, einmal genau hinzusehen: Was begeistert denn dich in deinem Leben? Wovon könntest du ununterbrochen sprechen? Was lässt dich den ganzen Tag lächeln und vor Freude hüpfen? Vergiss nicht, diese Dinge in dein Leben einzubauen, denn sie sind wichtig. Lade dein Leben nicht zu viel mit Arbeit, Plänen und To-dos voll, sodass am Ende keine Zeit mehr bleibt für die Dinge, die dich begeistern und dich lebendig fühlen lassen. Und zwar dich ganz persönlich. Denn vieles tun wir auch deshalb, weil wir uns zu viel an den anderen orientieren und zu wenig an uns selbst.

Ich war neulich recht überrascht über eine Aussage meiner Freundin, bis ich dann gemerkt habe, dass ich im Prinzip oft ganz genauso denke. Es ging darum, ob wir uns ein zweites Kind wünschen (meine Freundin und ich sind beide Mamas von einem Kleinkind). Und dann meinte sie: »Sag mir, wenn ihr euch entschieden habt, ob ihr noch eines bekommen wollt. Dann überlege ich auch noch mal!« Ist doch witzig, oder? Warum brauchen wir andere, um herauszufinden, was für UNSER Leben richtig ist? Wir orientieren uns unglaublich oft an anderen und versuchen dann, es genauso zu machen wie sie.

Ich habe kürzlich ein wundervolles Zitat im Buch »101 Essays, die dein Leben verändern werden« von

Brianna West gelesen: »Ein großer Teil unserer inneren Zerrissenheit beruht darauf, dass wir nicht das Leben führen, das wir uns eigentlich wünschen, weil wir ein inneres Narrativ dessen akzeptiert haben, was ›normal‹ und ›ideal‹ ist.« Die Antworten, was für dein Leben richtig und wichtig ist, findest du niemals bei den anderen, sondern immer nur bei dir selbst. Hier sind noch ein paar Tipps, die mir dabei geholfen haben, meine eigene Lebensvision und meinen Sinn im Leben zu finden, vielleicht regen sie dich ja auch zum Nachdenken an:

Alltags-Tipp

Lass dir Zeit

Eine Lebensvision ist oft etwas, das sich erst langsam entfaltet und entwickelt. Nimm den Druck und die Erwartung raus, dass dir dein Lebenssinn bereits heute vollkommen klar sein muss. Lass dir Zeit, deine Berufung zu finden – vielleicht findet sie dich sogar. Oftmals verändert sich unser Warum und unser Sinn im Lauf des Lebens mehrmals, und auch das ist völlig okay.

Alltags-Tipp

Finde deine Leidenschaft

Was macht dir in deinem Leben richtig Spaß? Wo liegt deine Leidenschaft? Nimm dir regelmäßig Zeit, mehr nach innen zu blicken und dich mit dir selbst zu verbinden. Was willst du wirklich? Welche Wünsche und Bedürfnisse kommen hoch, wenn du mit dir allein bist? Wenn du jetzt nicht so richtig weißt, was dir Spaß macht, schau einfach mal in deine Kindheit zurück. Was hat dir als Kind am allermeisten Spaß gemacht? Was wolltest du werden, wenn du groß bist? Wovon hast du damals geträumt? Als Kinder wussten wir meist sofort, was uns Spaß macht, da wir viel mehr mit unseren Wünschen und unserem Herzen verbunden waren, als Erwachsene es sind.

Alltags-Tipp

Stelle dir ein zweites Leben vor

Stell dir vor, du dürftest ein zweites Leben leben. Welches Leben würdest du wählen? Wo würdest du leben? Mit wem? Welchen Beruf hättest du, und was würdest du den ganzen Tag tun? Wenn wir uns ein zweites Leben vorstellen, ist es oft einfacher für uns, unseren wahren Wünschen und Bedürfnissen auf die Spur zu kommen, weil wir uns so mehr trauen. Wir haben keine Angst, groß zu träumen, weil wir mit diesem zweiten Leben ein bisschen mehr »Distanz« zu unserem derzeitigen Leben schaffen und uns so selbst nicht so viele Grenzen auferlegen. Probiere es einfach mal aus!

Dieses Kapitel möchte ich mit einem wundervollen Gedanken aus dem Buch »The Comfort Book« von Matt Haig beenden, und ich hoffe, er inspiriert dich, auf dein Herz zu hören: »Es ist okay, etwas aus buchstäblich keinem anderen Grund zu mögen als dem, dass du es magst, und nicht etwa, weil es cool ist oder intelligent oder weil andere es mögen.« Weitere Reflexionsfragen, um dich selbst besser kennenzulernen, findest du am Ende des Buches im Anhang.

Lektion 2:
Ich bin ich, und die anderen sind die anderen

»Man will nicht nur glücklich sein,
sondern glücklicher als die anderen.
Und das ist deshalb so schwer, weil wir
die anderen für glücklicher halten,
als sie sind.«

CHARLES DE MONTESQUIEU, FRANZÖSISCHER SCHRIFTSTELLER

Der Vergleich mit anderen ist die beste Möglichkeit, sich sein eigenes Glück zu verderben. Ich bin sicher, du kennst das auch: Gerade warst du eigentlich noch ganz zufrieden mit deinem Leben. Dann stellst du einen Vergleich mit einem anderen auf – zum Beispiel, weil du mit einer alten Freundin sprichst, einen Film siehst oder jemandem auf Social Media folgst –, und du spürst plötzlich ein unangenehmes Gefühl in der Magengegend. Ist dieser andere vielleicht besser als ich? Hat er mehr erreicht? Ist schöner, erfolgreicher oder glücklicher?

Leider ist es heute so, dass wir uns dank des Internets noch viel mehr vergleichen als früher. Wir sind online 24/7 mit dem Leben der anderen – das heißt, mit den besten 5 Prozent ihres Lebens, die im Internet und auf Social Media gezeigt werden – konfrontiert und haben dann oft das Gefühl, die anderem sind irgendwie glücklicher als wir. Und wir sind überzeugt, dass irgendwas mit unserem Leben und uns selbst nicht stimmt. Denn wir müssten irgendwie anders sein, anders leben, mehr erreicht haben.

Nur wenige zeigen sich, wenn es ihnen wirklich schlecht geht

Was kann nun helfen, um aus diesem Vergleichsschlamassel wieder herauszukommen? Man sollte sich zunächst mal klarmachen, dass man gerade auf Social Media (im Übrigen aber auch im »echten« Leben) immer nur einen minimalen Einblick in das Leben der anderen bekommt. Und natürlich meistens nur in die schönsten Zeiten und nicht in die dunkelsten Momente. Sich das vor Augen zu halten hilft zu sehen, dass das Gras bei den anderen auch nicht unbedingt grüner ist und dort ebenfalls – Überraschung – nur ein Mensch sitzt. Ich glaube die Welt wäre wirklich ein schönerer Ort, wenn wir uns alle ein bisschen mehr so zeigen würden, wie wir wirklich sind. Mit all unseren Ängsten, Zweifeln und Unsicherheiten. Denn dann würde das Gegenüber sehen: Ich bin gar nicht allein mit meinen Gefühlen, und den anderen geht es auch nicht so viel besser als mir selbst. Und dann würde uns das Vergleichen ein etwas weniger schlechtes Gefühl geben.

Man kann niemals – auch im Offline-Leben nicht – in einen anderen Menschen hineinschauen. Wir wissen nicht, was er oder sie durchmachen musste, um dort zu sein, wo er gerade ist. Wir wissen nicht, wie es sich anfühlt, in seinen Schuhen zu laufen. Wir sollten deshalb öfter mal versuchen, unsere Bewertung und Beurteilung der anderen sein zu lassen. Denn damit liegen wir unglaublich oft falsch.

Besinnen wir uns doch lieber darauf, was unser eigenes Leben denn eigentlich aus- und glücklich macht. Richten wir den Fokus auf das, was wir alles in unserem Leben haben, auf das Gute, Schöne und Positive und nicht auf das, was wir *nicht* haben. Denn wir haben, wenn wir den Blick mal auf unser eigenes Leben richten, so viel mehr, als uns bewusst ist. Wir sind nur so beschäftigt damit, auf die anderen zu schauen, dass wir uns selbst nicht mehr sehen können.

Als ich im Sommer 2016 in den Burnout rutschte und im Herbst ohne Job und Perspektive dastand, war ich 34. Die meisten meiner Freunde waren verheiratet und hatten bereits Kinder, und ich hatte: mehr oder weniger nichts.

Zumindest habe ich das damals so empfunden. Ich habe mich immer wahnsinnig unter Druck gesetzt und mir unglaublichen Stress gemacht mit dem Kinderkriegen. Es war immer einer meiner größten Träume, Mama zu werden, und ich konnte es mir für meine Zukunft gar nicht anders vorstellen. Dass es nicht für alle Menschen zwingend so laufen muss und es am Ende auch nicht der einzige, ultimative Weg zum Glück ist, kam mir damals so gar nicht in den Sinn.

Und diesen genauen »Lebensplan«, den haben ja viele. Das hat auch damit zu tun, dass uns Menschen oft fragen, was wir nach der Schule machen wollen, wann wir Kinder bekommen möchten, ob die Hochzeit denn schon anstehe und der Job nach dem Studium auch gut bezahlt wird. Alle fragen, was man erreichen möchte. Keiner fragt, ob man glücklich ist.

Aber alles, was wir genau »nach Plan« machen möchten und zu verbissen wollen, wird am Ende selten wirklich passieren. Uns fehlt dabei die Leichtigkeit, die Gelassenheit und das Loslassen, die es braucht, um ein glückliches Leben zu führen. Und genau deshalb war eines meiner schönsten Mantras damals: »Ich vertraue dem Fluss meines Lebens, alles passiert genau zur richtigen Zeit.« Dieser Satz hat mich unglaublich beruhigt, und er tut es auch heute noch.

Ich war ein sogenannter Spätzünder und mit allem immer eher etwas »später dran« in meinem Leben. Mit 35 habe ich meinen Traum von der Selbstständigkeit wahrgemacht, mit 36 mein erstes Buch geschrieben, mit 37 meinen Sohn bekommen und geheiratet, mit 39 das Eigenheim gekauft. Ich glaube, am Ende ist alles vor allem deshalb so gekommen, weil ich aufgehört habe, es unbedingt zu wollen. Kurz bevor ich 2018 schwanger wurde, war ich mit mir und meinem Leben, so wie es war, ziemlich glücklich. Ich wollte immer noch unglaublich gern Kinder, zog aber zumindest in Erwägung, dass das Leben einen anderen Plan für mich hat. Und dass dieser andere Plan genauso gut ist wie der ursprüngliche.

Die Magie des Lebens passiert oft dann, wenn wir loslassen und aufhören, alles zu planen, und offen sind für die vielen Chancen und Abenteuer.

Alltags-Tipp
»Mein Leben«-Liste

Wenn ich mal wieder merke, dass ich mich im Außen verliere und mich zu sehr vergleiche, mache ich eine sogenannte »Mein Leben«-Liste. Ich notiere auf dieser Liste Dinge, die mich stolz und glücklich machen, egal ob sie vielleicht anders sind als bei anderen und vielleicht genau deshalb genau richtig für mich sind. Alle Sätze beginnen mit: »In meinem Leben …« Auf dieser Liste steht dann zum Beispiel:

- In meinem Leben habe ich einen Beruf, der mich jeden Tag erfüllt und glücklich macht.
- In meinem Leben habe ich eine wundervolle, glückliche Familie, in der jeder so sein darf, wie er ist.
- In meinem Leben habe ich vielleicht nicht viele Freundschaften, dafür aber solche, die mir wirklich wichtig sind.

Probiere es doch auch mal aus! :-)

Lektion 3:

Keine Angst vor der Angst

»Alles, was man er-lernt hat,
kann man auch wieder ver-lernen.«

Angst hat jahrzehntelang mein Leben bestimmt, denn ich hatte mit Ängsten zu kämpfen, seit ich denken kann. Die ersten Ängste, an die ich mich bewusst erinnere, sind die Ängste vor Krankheiten und Ängste um meine Mama. Das fing schon sehr früh an, ich würde sagen im Alter von 6 oder 7 Jahren.

So richtig Kind war ich im Nachhinein betrachtet eigentlich nie. Denn wie ich heute weiß, sind Kinder eigentlich meistens recht unbeschwert und haben – zumindest wenn alles gut in ihrem Leben verläuft – eher wenig Angst. Ich aber war ein Kind, das ziemlich viel Angst hatte. Sobald die Sonne rauskam, bin ich vom Spielen zurück nach Hause gelaufen, um mich mit Sonnencreme einzucremen – aus Angst vor Hautkrebs. Im Prinzip hatte ich bei jedem kleinen Wehwehchen Angst, schwer krank zu sein. Und ich bin oft in schiere Panik ausgebrochen, wenn meine Mutter zu spät kam, weil ich immer sofort mit dem Schlimmsten gerechnet habe. Ich hatte Angst vorm Alleinsein und habe Keller sowie Dunkelheit, so gut es geht, gemieden. Es gäbe hier noch unzählige Dinge, die ich aufzählen könnte, aber das würde den Rahmen dieses Buches sprengen.

Trotz meiner Ängste habe ich jedoch mein Abitur gemacht und mein Leben gelebt. Ich dachte lange, dass ich eben einfach so ängstlich bin und dass das irgendwie zu meiner Person und zu meinem Leben dazugehört. Mir kam es damals gar nicht in den Sinn, dass auch ein anderes, entspannteres Leben für mich möglich ist.

Heute weiß ich: Meine Ängste waren vor allem erlernt und wurden verstärkt und aufrechterhalten durch ständige Wiederholung. Aber was man er-lernt hat, kann man auch wieder ver-lernen. Und genau das habe ich die letzten acht Jahre auch getan: Ich habe meine Angst verlernt.

2016 kam der große Knall

Damals war mir das jedoch noch nicht bewusst, und so kam 2016 auch der große Knall, an dem mir sozusagen mein ganzes Leben einmal komplett um die Ohren geflogen ist. Ich bekam unter anderem die Diagnose »generalisierte Angststörung«.

Und ich weiß noch genau, wie ich mich damals gefühlt habe: So, als ob an mir etwas falsch ist. Als ob ich irgendwie »kaputt« und anders bin und eben jetzt den Rest meines Lebens mit dieser Diagnose leben muss. Nun hatte ich es also schwarz auf weiß: eine Angst-STÖRUNG. Und auch noch mit dem Zusatz »generalisiert«, also so ziemlich auf alles und nichts bezogen. Na super! »Danke, liebes Universum – womit hatte ich das nur verdient!«

Dass so eine Diagnose aber nicht in deine DNA gebrannt und damit unheilbar ist und man Ängste wirklich komplett loswerden kann, hätte ich damals niemals für möglich gehalten. Weil ich ja irgendwie schon immer so war. Den Glaubenssatz »So bin ich eben« habe ich lange Zeit tatsächlich geglaubt.

Ganz unten angekommen habe ich aber dann auch gemerkt: So will ich nicht mehr weiterleben. Seit dem Jahr 2017 habe ich so viel über mich und das Leben gelernt: Was Depressionen und Ängste eigentlich sind und wodurch sie entstehen können. Ich hatte unendlich viele Aha-Erlebnisse in dieser Zeit, und manchmal ist es mir wirklich wie Schuppen von den Augen gefallen, warum ich eigentlich so bin, wie ich bin!

Mir sind seitdem wirklich die unglaublichsten Sachen passiert:

- Ich bin aus der Großstadt aufs Land gezogen und habe mich selbstständig gemacht.
- Ich habe geheiratet und einen Sohn bekommen.
- Ich habe mittlerweile Millionen von Menschen mit meiner Marke Happy Dings und meinem Podcast »Einmal Burnout und zurück« erreicht.
- Hunderte von Menschen sind regelmäßig bei meinen Kursen und Workshops dabei.
- Ich habe meinen eigenen Online-Glücks-Shop eröffnet.
- In meinem Mitgliederbereich, dem Happy Club, tauschen sich Hunderte von Menschen aus.
- Wir sind in unser eigenes Happy-Dings-Büro eingezogen.
- Und nicht zuletzt darf ich gerade dieses wundervolle Buch schreiben!

Die Reise geht immer weiter, und es wird immer noch besser. Was ich dir in dieser Geschichte über mich aber eigentlich sagen will:

Alles ist möglich, und es ist nie zu spät, etwas an deinem Leben zu verändern! Ganz egal, wie lange und wie sehr du schon unter bestimmten Dingen und Situationen leidest. Denn Angst, Stress und am Ende auch eine Depression entstehen oft, wenn wir ein Leben leben, das uns nicht glücklich macht. Ein Leben, das zu wenig an uns selbst und zu viel an den anderen orientiert ist. Wir werden unglücklich und unzufrieden, wenn wir uns ein anderes Leben wünschen, uns aber nicht trauen, die Schritte zu gehen, die dafür nötig wären.

Heute habe ich tatsächlich keinerlei Angstsymptome mehr, traue mir generell erst mal alles zu und verbringe auch keine Stunden mehr damit, Krankheiten zu googeln oder mir Horrorszenarien über meine Zukunft auszumalen.

Und wenn ich das kann, dann kannst du das auch. Denn Angst beginnt im Kopf, Mut aber auch!

Alltags-Tipp
Geh den ersten Schritt!

Überlege dir einmal, wo in deinem Leben du gerade Dinge tust, die du eigentlich nicht tun möchtest? Was würdest du wirklich gern verändern, hast es aber bisher aus Angst nicht gemacht? In welchen Bereichen deines Lebens bist du unzufrieden, schiebst aber wichtige Entscheidungen immer weiter auf? Wo lebst du dein Leben mehr für die anderen als für dich selbst? Und dann überlege dir, was denn der kleinste Schritt in Richtung einer Veränderung wäre, den du bereits heute gehen könntest? Was kannst du heute tun, um dich ein bisschen aus deiner Sicherheitszone herauszubewegen und dir das zu holen, was du dir wirklich wünschst? Wo könntest du ein Nein formulieren, wo vorher ein Ja stand? Was kannst du heute wirklich nur für dich selbst tun, ohne an die Erwartungen der anderen zu denken?

Lektion 4:

Spiel nicht auf Sicherheit

»Ein Vogel hat niemals Angst,
dass der Ast unter ihm brechen könnte.
Und zwar nicht, weil er dem Ast vertraut,
sondern seinen eigenen Flügeln.«

Früher neigte ich stark dazu, neue Dinge hundertmal zu »zerdenken«, anstatt sie einfach auszuprobieren. Ich spielte immer lieber auf »Sicherheit«, anstatt mich mal was zu trauen oder einfach mal etwas anders zu machen.

Das fing schon ganz früh in der Schule an, denn ich war in allem immer so ziemlich durchschnittlich. Ja nicht zu viel ausprobieren, anecken oder anders machen als die anderen.

Nach dem Abitur war es eigentlich mein Wunsch, Psychologie zu studieren und Therapeutin zu werden. Aber mein Abiturschnitt (2,8) hat damals nicht gereicht, um einen Studienplatz in München zu bekommen. Mich auf eine Warteliste zu schreiben war mir zu unsicher, in eine andere Stadt zum Studieren zu gehen, habe ich mich nicht getraut. Und aus diesem Grund machte ich einen Kompromiss: Ich studierte Soziologie. Ich habe das Studium zwar 2008 mit einem Diplom abgeschlossen, so richtig glücklich gemacht hat es mich aber nie.

In den nächsten Jahren machte ich im Nachhinein betrachtet ziemlich viele schlechte Kompromisse. Ehrlich gesagt war mein ganzes Leben ein einziger schlechter Kompromiss. Und heute weiß ich auch, warum ich immer irgendwie das Gefühl hatte, dass in meinem Leben etwas fehlt. Denn es hat tatsächlich etwas gefehlt: ich selbst.

Aus diesen »Sicherheitsgründen« verharrte ich nach meinem Studium der Soziologie (schlechter Kompromiss) auch fast zehn Jahre in ein und demselben Job (schlechter Kompromiss) und hing zu lange in unglücklichen Beziehungen fest (schlechter Kompromiss).

Vielleicht kennst du ja auch diesen kleinen, fiesen Kobold auf der Schulter, der immer alles mies redet und dich davon abhält, etwas in deinem Leben zu verändern. Ganz nach dem Motto: »Nicht, dass du danach nichts Besseres mehr findest.« Und dann womöglich – der Klassiker unter den Angst-Gedanken – »unter der Brücke landest«. Genau diese Fixierung auf die Sicherheit in sämtlichen Bereichen meines Lebens hat mir am Ende genau das Gegenteil gebracht.

Wenn man zu lange Dinge tut, die man nicht tun will, macht das erst recht krank. Die vermeintliche Sicherheit ist also genauer betrachtet gar nicht so sicher, sondern ziemlich »gefährlich«. Meinen Job war ich irgendwann nämlich sowieso los. Und zwar nicht, weil ich mich getraut hätte zu kündigen. Sondern weil meine damalige Firma mir gekündigt hat, als ich sechs Wochen mit Burnout krankgeschrieben war. Und auch die Beziehungen waren irgendwann zu Ende. Ich hätte mir also im Nachhinein einige unzufriedene Jahre auch sparen können, indem ich gleich gehandelt hätte. Ich hätte, wie man so schön sagt, das Ende mit Schrecken nehmen können, statt den Schrecken ohne Ende. Denn ich sage dir jetzt einmal was: Wenn sich etwas nicht gut für dich anfühlt, darfst du dem Gefühl trauen! Versuche es nicht zu verdrängen, indem du es »aussitzt«. Jedes verdrängte Gefühl gärt unter der Oberfläche weiter und wird so lange größer, bis du es irgendwann nicht mehr ignorieren kannst. Und dann wirst du dir wünschen, du hättest gleich darauf gehört.

Du kannst dich auf dich selbst verlassen

Wenn du also auch gerade irgendwo aus »Sicherheitsgründen« feststeckst, überlege dir einmal, wie sicher diese Sicherheit tatsächlich ist und um welchen Preis du diese Sicherheit weiter aufrechterhalten willst?

Wenn du unglücklich mit einer Situation in deinem Leben bist, dann höre auf dein Bauchgefühl, und verändere etwas. Unterdrücke es nicht länger, sondern vertraue darauf, dass sich dein Weg dann zeigen wird, wenn du anfängst, ihn zu gehen. Denn wenn du lernst, dir selbst und deinem Weg zu vertrauen, ist das der erste Schritt in ein Leben voller Freiheit, in dem alles möglich ist. Heute *weiß ich*, dass Mut am Ende *immer* belohnt wird und dass das Leben dir unendlich viele Chancen bietet, wenn du bereit bist, den ersten Schritt zu gehen.

Ohne den Mut, für dich und dein Leben einzustehen, wird sich nicht wirklich etwas verändern. Natürlich kannst du ein Leben lang versuchen, jedes Risiko zu vermeiden. Aber weißt du, es ist so wie mit einem Schiff. Natürlich kann das Schiff die ganze Zeit über im Hafen liegen bleiben, und ihm wird nichts passieren. Aber dafür sind Schiffe eben nicht gemacht. Schiffe sind dafür gemacht, auf dem Meer zu fahren. Und genauso sind wir Menschen nicht dafür gemacht, immer in unserer Komfortzone zu bleiben. Denn so verpassen wir den ganzen Spaß und das Abenteuer und das, worum es im Leben wirklich geht.

Eine Sache, die ich immer irgendwie im Kopf hatte, aber mich nie getraut habe, wirklich umzusetzen, ist, mich selbstständig zu machen. Eigene Produkte zu erstellen, kreativ zu sein. Etwas wirklich Sinnvolles zu tun, Menschen auf irgendeine Art und Weise helfen. Bei mir musste damals ein kompletter Zusammenbruch passieren, bis ich diese Entscheidung getroffen habe. Und ich habe sie bisher an keinem einzigen Tag bereut. Warte wenn möglich nicht, bis dein Leben in Scherben liegt, bis du das tust, was du dir wünschst.

Alltags-Tipp
Triff eine Entscheidung

Gehörst du auch zu den Menschen, die viel zu lange warten, bis sie eine Entscheidung treffen? Damit bist du nicht allein, denn die meisten schieben sie immer weiter auf und vor sich her. Aber genau dieses »Nicht-Entscheiden« macht uns so unzufrieden. Weil wir sozusagen zwischen A und B feststecken und damit handlungsunfähig sind. Sobald wir uns aber für etwas entschieden haben, geht es uns sofort besser, denn dann können wir aktiv etwas tun. Was dabei helfen kann, sich leichter zu entscheiden, ist Folgendes: Mache dir klar, dass fast keine Entscheidung endgültig ist. Ich glaube wirklich, das ist der Hauptgrund, warum sich viele Menschen so schwer mit Entscheidungen tun: Weil sie denken, es gäbe keinen Weg zurück. Doch die meisten Entscheidungen kannst du jederzeit widerrufen. Nur weil du dich einmal für etwas entschieden hast, heißt das nicht, dass du nun ewig bei dieser Entscheidung bleiben musst. Es ist nichts Schlechtes daran, sich umzuentscheiden, und du bist auch niemandem Rechenschaft schuldig. Das zu realisieren ist ganz wichtig. Wenn du das einmal verinnerlicht hast, wird es dir in Zukunft viel leichter fallen, deinen Weg zu gehen und ihn auch mal zwischendurch zu verändern. Übrigens: Mehr Tipps, um leichter Entscheidungen zu treffen, warten auch in Lektion 12 auf dich.

Lektion 5:

Du machst Fehler, du bist kein Fehler

»Wer noch nie einen Fehler gemacht hat, hat sich noch nie an etwas Neuem versucht.«

ALBERT EINSTEIN, DEUTSCHER PHYSIKER

Seit ich im Sommer 2019 Mama geworden bin, habe ich natürlich – so wie vermutlich jede andere Mama auch – ein großes Ziel: meinem Sohn eine gute Mutter zu sein und so wenig »Fehler« wie möglich dabei zu machen. Ich habe es lange Zeit wirklich versucht. So richtig geklappt hat es nicht. Denn ich hatte immer ein schlechtes Gewissen und habe mich ständig gefragt: »War das heute denn nun gut genug?«

Vor einiger Zeit kam mir dann der Gedanke, dass es so etwas wie eine »perfekte Mutter« vermutlich nicht gibt und dass Fehler zu machen – gerade als Neu-Mama – ganz normal ist. Und dass Fehler ja im Grunde nichts anderes sind als eine Information darüber, dass etwas nicht funktioniert hat. Nicht mehr und nicht weniger. Wir bekommen jedoch oft von der Gesellschaft eingetrichtert: »Fehler sind schlecht!« Wir lernen es in der Schule und von unseren Eltern: Bitte keine Fehler machen, denn Fehler sind unerwünscht.

Ich glaube, dass jede Mutter zu jeder Zeit ihr Bestes gibt. An manchen Tagen ist das vielleicht ganz viel und an manchen Tagen eher wenig. Und beides ist okay. Ein Kind kann immer nur so glücklich sein, wie seine Eltern es sind. Denn Kinder achten nicht so sehr darauf, was wir sagen, sondern darauf, wie wir uns verhalten und was wir tun.

Ich bin immer wieder erstaunt, wie mein Sohn und ich exakt die gleiche Stimmung haben und ich manchmal gar nicht mehr weiß, wer eigentlich zuerst schlecht oder gut gelaunt war. Mein Sohn ist oft ein 100-prozentiger Spiegel meiner Gefühlslage. Das zu erkennen hilft, gut auf meine eigenen Gefühle achtzugeben. Es jeden neuen Tag ein bisschen besser zu machen als am vorherigen. Und dass es auch okay ist, wenn es einmal nicht gelingt. Denn der Weg ist das Ziel. Und auch negative Gefühle sind wichtig und dürfen da sein. Ich glaube, das ist sogar eines der wichtigsten Dinge, die ich meinem Sohn gern beibringen möchte: »Du darfst glücklich sein. Aber du darfst auch mal traurig sein. Und wütend oder verletzt. Und auch mal genervt. Du darfst laut sein. Oder leise. Deine Gefühle sind wichtig. Und du bist wichtig. Verstecke dich nicht vor der Welt und vor anderen Menschen. Zeig dich so, wie du bist. Lass dich von niemandem verbiegen. Erst recht nicht von dir selbst. Denn weißt du was? Du bist ganz wundervoll – genau so, wie du bist! Hab keine Angst, in deinem ganzen Licht zu strahlen und das zu tun, was dich glücklich macht.« Und das gilt eben nicht nur für (unsere) Kinder, sondern auch für uns selbst.

Trenne dein Verhalten von deiner Person

Das Problem mit der Angst vor Fehlern haben natürlich aber nicht nur Mamas. Ich bekomme täglich viele Nachrichten von Menschen, die das Gefühl haben, nicht gut genug zu sein. Die sich dafür verurteilen, weil sie bestimmte Dinge in ihrem Leben in ihren Augen nicht gut genug gemacht haben. Aber genau durch dieses Verurteilen der eigenen Fehler und »Schwächen« fängt der Teufelskreis ja erst richtig an. Nur weil wir uns mal falsch verhalten, sind wir nicht als ganzer Mensch falsch. Diese Trennung – zwischen unserem Verhalten und unserer Person –, die ist unglaublich wichtig. Und wir treffen sie im Alltag einfach oft nicht. Wir *machen* einen Fehler und denken dann, wir *sind* ein Fehler. Aber diese Unterscheidung dürfen wir für ein glückliches Leben immer wieder treffen. Wir dürfen uns unsere Fehler verzeihen und nicht so hart zu uns selbst sein.

Dasselbe gilt übrigens auch für unser Aussehen: Schließe nicht von deiner Körpergröße oder deinem Gewicht oder irgendeinem optischen Merkmal auf deinen Wert und deine ganze Person! Das eine hat mit dem anderen absolut nichts zu tun. Und da auch »Schönheit« erstens absolut subjektiv und zweitens auch vergänglich ist, ist das immer ein sicherer Weg zu einem geringen Selbstwert, Selbstzweifeln und einem unglücklichen Leben.

Mir ist kürzlich im Internet der Satz »Das verzeihe ich mir am besten gleich mal selbst« begegnet. Ich musste lächeln und habe ihn mir gleich notiert, weil er so unglaublich wertvoll ist. Vergebung ist eines der wichtigsten Dinge, die wir im Leben lernen können. Und zwar nicht nur, anderen zu vergeben, sondern vor allem auch uns selbst. Wie sagte Autor und Buddhist Jack Kornfield so schön: »Vergebung heißt, jede Hoffnung auf eine bessere Vergangenheit aufzugeben!«

Wenn dich aus irgendeinem Grund starke Schuldgefühle plagen, mach dir klar, dass du damals genau so gehandelt hast, wie es dir zu diesem Zeitpunkt mit deinem Wissensstand möglich war. Denn hättest du es damals besser gewusst, hättest du ja anders gehandelt.

Durch das Schreiben wird vieles einfacher

Wir sollten immer auch unsere guten Seiten mit einbeziehen und uns selbst als Ganzes sehen – als ein menschliches Wesen mit guten und weniger guten Eigenschaften.

Ich bin ein unglaublich großer Fan davon, Dinge aufzuschreiben. Tagebuch schreiben, Journaling, sich Notizen machen oder sich sogar selbst Briefe schreiben. Durch das Schreiben wird vieles einfacher und leichter, und es hilft dabei, Dinge aufzuarbeiten.

Wenn ich heute drei Dinge nennen sollte, die mir am allermeisten geholfen haben, meine Depression zu heilen, wäre das Schreiben sicherlich in den Top 3 dabei. Ich kann dir nur empfehlen, mit dem Schreiben zu beginnen. Schreib einfach mal drauflos, ohne Plan und Zwang. Genau so, wie es dir guttut. Wenn du es schon einmal ausprobiert hast, kennst du sicherlich die magische Wirkung. Wenn du deine Gedanken einmal zu Papier gebracht hast, fühlt sich vieles leichter an.

Alltags-Tipp
Sei deine beste Freundin

Stell dir vor, wie du mit deiner besten Freundin sprechen würdest, wenn sie einen Fehler gemacht hat. Würdest du sie anschreien und beschimpfen? Oder würdest du sie vielmehr in den Arm nehmen und ihr sagen, dass es nicht so schlimm war und sie sich nicht so viele Gedanken machen soll? Sei doch mal deine eigene beste Freundin, und mach dir Mut, anstatt dich fertigzumachen. So bist du ganz automatisch liebevoller zu dir selbst.

Lektion 6:
Du bist stärker, als du denkst

»Du bist nicht schwach,
du warst nur zu lange stark.«

Lange Zeit meines Leben habe ich mich für ziemlich schwach gehalten. Ich war immer die Ängstliche, die Skeptische. Die, die sich nie was getraut hat; die die anderen für ihren Mut bewundert hat und die immer erst hundertmal überlegen und abwägen musste, bevor sie sich entschieden hat, vor lauter Angst, das Falsche zu tun.

Ich fühlte mich also nie besonders stark, ganz im Gegenteil. Als ich 2016 während meines Burnouts in Therapie war, sagte meine Therapeutin in einer Sitzung zu mir: »Frau Grübl (mein Mädchenname), Sie sind ja ganz schön stark, was Sie schon alles in Ihrem Leben aushalten mussten!« Da wurde mir plötzlich klar: Ich bin vielleicht gar nicht so schwach, wie ich denke, sondern vielleicht war ich einfach nur viel zu lange stark.

Dieser Satz hat so viel in mir und für mich verändert. Durch diesen Perspektivwechsel habe ich endlich damit angefangen, an mich zu glauben und mir Dinge zuzutrauen. An jeder Sache, die ich mir nun zugetraut habe, bin ich immer weiter gewachsen. Selbstvertrauen entsteht nicht dadurch, dass immer alles gut ist. Es sind vielmehr gerade die schwierigen Zeiten, die uns herausfordern und uns zeigen, was alles in uns steckt.

Eine Krise ist also immer auch eine gute Möglichkeit, sich selbst (und der Welt) seine eigene Stärke zu beweisen. Denk daran, dass Stärke immer individuell ist: Beurteile dich selbst nicht danach, was andere können oder nicht können. Jeder Mensch hat ganz eigene Stärken und Talente.

Albert Einstein hat es in einem Zitat sehr gut auf den Punkt gebracht: »Jeder ist ein Genie. Aber wenn du einen Fisch danach beurteilst, ob er auf einen Baum klettern kann, wird er sein ganzes Leben glauben, dass er dumm ist.«

So gut wie nichts ist unmöglich

Vielleicht bist du ein Fisch. Und die klettern eben nicht auf Bäume. Setze deine eigenen Maßstäbe, und verfolge deine eigenen Ziele, und lass dir von niemandem einreden, dass du etwas nicht kannst. Erst recht nicht von dir selbst.

Kürzlich bin ich auf ein Buch mit dem Titel »Als ich vom Himmel fiel« gestoßen. Juliane Koepcke erzählt darin, wie sie als 17-Jährige als einzige Überlebende eines Flugzeugabsturzes zehn Tage im peruanischen Urwald überlebt hat. Dies gelang ihr unter anderem deshalb, weil sie früher zwei Jahre im Dschungel gelebt und ihre Eltern zu Expeditionen begleitet hatte. Es ist wirklich eine unglaubliche Geschichte und ein absolutes Wunder, denn Juliane Koepcke fiel, auf ihrem Flugzeugsitz angeschnallt, kopfüber aus geschätzten 3000 (!) Metern Höhe in die Bäume des Urwaldes. In den folgenden zehn Tagen im Urwald wandte sie alles an, was sie über den Urwald wusste, und schaffte es so, nach zehn Tagen gerettet zu werden. Julianes einziger Fokus war das Überleben.

Vieles im Leben hat mit unserem Fokus zu tun, wenn auch oft weniger dramatisch. Auf Englisch sagt man: »Where Focus goes, Energy flows.« Was übersetzt so viel bedeutet wie: Das, worauf wir unseren Fokus in unserem Leben lenken, das wächst und gedeiht auch.

Das Problem mit dem Fokus ist jedoch, dass wenn wir in unsere Vergangenheit zurückblicken, uns die negativen und schmerzhaften Dinge immer stärker in

Erinnerung geblieben sind als die positiven. Das hat was mit unserer Evolutionsgeschichte zu tun, denn früher war es für uns überlebenswichtig, die schönen Dinge beiseitezuschieben, wenn eine Gefahr drohte. Diese negativen Gefühle sind also emotional viel stärker verankert als die positiven Gefühle. Heute jedoch ist unser Leben die meiste Zeit nicht mehr in Gefahr, und wir könnten uns getrost auch die guten und schönen Seiten des Lebens und unsere Stärken immer wieder in Erinnerung rufen. Wir können Schritt für Schritt lernen, die Wahrnehmung auf unsere Stärken und die positiven Gefühle zu trainieren.

Apropos stärker sein, als man denkt: Kennst du die »40-Prozent-Regel«? Bekannt geworden ist die Regel durch die amerikanische Spezialeinheit der Navy Seals. Sie besagt, dass wir erst 40 Prozent unserer tatsächlichen Leistungsfähigkeit erreicht haben, wenn wir das erste Mal glauben, es nicht mehr schaffen zu können.

Diese Regel hat mich in den letzten Jahren schon oft motiviert, denn immer wenn mir der Gedanke kommt, dass ich »zu schwach« für etwas bin, denke ich daran zurück. Und dann weiß ich: Ich werde auch diesmal so viel stärker sein, als ich denke.

Abschließend möchte ich hier gern noch die Geschichte von den beiden Wölfen mit dir teilen, um dir noch einmal deutlich zu machen, wie viel der eigene Fokus ausmacht.

Eines Tages erzählte ein alter Indianer seinem Enkelsohn am Lagerfeuer von dem Kampf zwischen den beiden Wölfen, die in jedem von uns wohnen. Ein Wolf ist böse. Er ist der Zorn, der Schmerz, der Neid, die Eifersucht, der Kummer, die Gier, die Arroganz, die Schuld, die Vorurteile und die Selbstzweifel. Der andere ist gut. Er ist die Liebe, die (Lebens-)Freude, der Friede, die Begeisterung, die Hoffnung, die Demut, die Dankbarkeit, die Großzügigkeit und das Mitgefühl. Der Enkel hörte aufmerksam zu und dachte einige Zeit über die Worte seines Großvaters nach, dann fragte er: »Und welcher der beiden Wölfe gewinnt?« Und der alte Indianer antwortete: »Der Wolf, den du fütterst.«

Alltags-Tipp

Fokussiere dich auf das Positive

Fang doch heute gleich damit an, deinen Blick auf das Positive in deinem Leben zu lenken! Und zwar, indem du dir ein paar Antworten auf die folgenden Fragen überlegst:

- Welche Hürden habe ich in meinem Leben bereits erfolgreich gemeistert?
- Wie ist es mir bisher gelungen, aus schwierigen Situationen herauszukommen?

- Welche Eigenschaft mag ich an mir am meisten?
- Welche Talente und Stärken habe ich?
- Was mögen meine Freunde am liebsten an mir?
- Was mag ich an meinem Körper am liebsten und warum?
- Welche »Macke« macht mich besonders und einzigartig?
- Mit welcher Eigenschaft kann ich andere glücklich machen und ihnen helfen?

Lektion 7:

Heilung braucht Zeit

»Das Gras wächst nicht schneller,
wenn man daran zieht.«

AFRIKANISCHES SPRICHWORT

Bis heute bekomme ich regelmäßig Nachrichten mit Fragen wie dieser: »Christina, wie lange hat es gedauert, bis du nach deinem Burnout wieder gesund warst?«

Zuerst einmal ist es wichtig zu verstehen, dass jeder Mensch seinen ganz eigenen, individuellen Heilungsweg geht. Es gibt kein allgemeines Rezept und keine schnelle Hilfe, die für alle gleich ist. Ich weiß aber auch noch, als ich damals verzweifelt auf dem Stuhl meiner Therapeutin saß und sie genau dasselbe gefragt habe: »Wie lange dauert denn so ein Burnout?«

Meine Therapeutin berichtete mir damals, dass sie in ihrer langen Zeit als Therapeutin bereits alles erlebt hat: von einer Heilung innerhalb einer Woche, bis zu mehreren Wochen, Monaten oder Jahren. Es kommt sicher auch immer darauf an, wodurch eine Depression oder das Burnout entstanden ist.

Vor meinem Burnout dachte ich sehr viel in schwarz oder weiß: Man ist gesund *oder* krank. Erfolgreich *oder* ein Versager. Reich *oder* arm. Ich war immer ein Mensch, der sehr in den Extremen gedacht und gelebt hat. Dass es unendlich viele Grautöne dazwischen gibt, habe ich gar nicht wahrgenommen.

Irgendwann wurde mir dann aber bewusst: Ich werde nicht eines Morgens aufwachen und plötzlich wieder psychisch gesund sein. Egal, wie sehr ich mir das wünsche. Und irgendwann habe ich auch gelernt, dass nach einem guten Tag auch mal zwei schlechte folgen können. Das ist okay und heißt nicht, dass »alles wieder von vorn losgeht«.

Meine eigene Heilung war also geprägt von einigen Tiefs und sogenannten »Rückschlägen«. Dabei wurde es aber mit jedem Mal etwas besser, wenn auch am

Anfang so minimal, dass ich es manchmal gar nicht wahrgenommen habe. Mir hat es damals sehr geholfen, mich mit meinen Freunden und meiner Familie auszutauschen. Denn diese haben mir immer wieder zurückgespiegelt: »Christina, du bist bereits so weit gekommen, das sah vor ein paar Monaten noch ganz anders aus. Mach einfach genau so weiter wie bisher.« Und das habe ich dann auch getan.

Wenn auch du dich gerade von etwas erholen und heilen darfst, möchte ich dir hiermit gern sagen: Heilung braucht Zeit, und Heilung funktioniert nicht linear, sondern in Wellen. Es ist so, dass man meistens zwei Schritte vor und wieder einen Schritt zurück macht. Wenn man dieses »Prinzip« einmal verstanden hat, ist man beim nächsten kleinen Rückschlag nicht mehr so enttäuscht und kann besser damit umgehen. Und schließlich ist man auch nicht von heute auf morgen krank geworden.

Ich weiß aber aus eigener Erfahrung natürlich auch, wie schwer es ist, Geduld zu haben, wenn es einem nicht gut geht. Wenn man krank ist und leidet, hat man diese Geduld einfach nicht. Niemand ist gern krank – weder physisch noch psychisch. Trotzdem ist die Geduld ungeheuer wichtig für den Heilungsweg. Um ein Problem zu lösen, braucht es Zeit. Für einige Wochen oder Monate einmal niedergeschlagen und traurig zu sein ist ungeheuer wichtig für den eigenen Heilungsweg. Weil wir so unglaublich viel aus diesem Weg lernen und daran wachsen können. Ohne Schmerz gibt es oft kein Wachstum. Bei körperlichen Erkrankungen ist uns dieser Genesungsprozess vertrauter: Mit einem gebrochenen Bein bleiben wir zum Beispiel zu Hause, wir schonen uns und warten, bis wir merken: Okay, der Fuß ist jetzt langsam wieder belastbar. Und auch bei einer Erkältung wissen wir, denn so sagt es der Volksmund: Sie kommt drei Tage, bleibt drei Tage und geht drei Tage.

Wenn es uns aber psychisch und nicht physisch schlecht geht, erwarten wir oft, dass wir einfach einen Schalter umlegen und dann alles wieder beim Alten ist. Wir wollen uns nicht schonen, sondern Vollgas weiterleben.

Eine kranke Seele kann man nicht sehen

Das hängt mit Sicherheit auch damit zusammen, dass die psychische Gesundheit und Depressionen nach wie vor Tabuthemen sind und von vielen Menschen nicht richtig verstanden und ernst genommen werden. Einem Menschen mit einem körperlichen Gebrechen sieht man es meist an, wenn er krank ist. Eine kranke Seele kann man jedoch nicht sehen. Das macht es manchmal für Außenstehende umso schwerer, zu erkennen, was der Betroffene eigentlich genau hat. Aus eigener Erfahrung kann ich aber sagen, dass psychische Erkrankungen nicht weniger schlimm sind als körperliche, ganz im Gegenteil. Der Leidensdruck ist bei den Betroffenen extrem hoch.

Und genau deshalb wünschen sich auch so viele diesen »Alles-ist-wieder-gut-Schalter«, den es natürlich nicht gibt. Wenn man genauer hinsieht, ist das auch gut so. Wir können nur heilen, was wir zuvor auch richtig gefühlt haben. Es gibt keine Abkürzung. Das Gras wächst nicht schneller, wenn wir daran ziehen. Aber wir können es düngen und gießen und damit die besten Bedingungen schaffen.

Meine Therapeutin sagte mir damals, dass man erst dann wirklich geheilt ist und das Erlebte verarbeitet hat, wenn man einen Sinn darin sieht und seinen Frieden mit der Vergangenheit gemacht hat. Das fand ich unglaublich schön. Denn mein Burnout macht für mich heute unglaublich viel Sinn.

Ich stelle mir das mit der Heilung immer so wie mit einem großen Labyrinth in einem Maisfeld vor. Egal, wie viele Umwege wir in diesem Labyrinth gehen, egal, wie lange wir brauchen, um wieder hinauszufinden: Keiner dieser Umwege ist jemals umsonst. Denn jeder Umweg, jede Sackgasse zeigt uns, wo es eben *nicht* langgeht. Und wenn wir im Leben ganz viele Möglichkeiten finden, wie etwas *nicht* funktioniert, dann finden wir irgendwann auch den richtigen Weg. Und vielleicht können wir ja irgendwann in diesem Labyrinth fast so etwas wie Freude daran finden, uns den richtigen Weg zu suchen.

Alltags-Tipp
Dokumentiere deinen Weg

Was mir unglaublich geholfen hat, war, zu sehen, wie weit ich schon gekommen bin, und mir meine Erfolge und Meilensteine aufzuschreiben. Und zwar *alle* Erfolge, seien sie auch noch so klein. Immer wenn ich mal wieder enttäuscht war, dass etwas nicht so funktioniert hat, wie ich es mir gewünscht habe, habe ich mir diese Liste durchgelesen, und sie hat mir jedes Mal wieder Mut gegeben. Ich möchte dich heute dazu ermutigen, dir ebenfalls so eine Erfolgsliste mit deinen Meilensteinen anzulegen. Sie wird dir helfen, auch in schlechten Zeiten am Ball zu bleiben, denn so wirst auch du sehen, wie weit du schon gekommen bist.

Lektion 8:

Auch das wird vorübergehen

»Du kannst die Wellen nicht stoppen,
aber du kannst lernen zu surfen.«

JON KABAT-ZINN, ACHTSAMKEITSLEHRER UND PROFESSOR

Vielleicht kennst du den Spruch auch: »Es ist nur ein schlechter Tag und kein schlechtes Leben!« Dieser Spruch hat mir schon oft geholfen, wenn ich mal wieder den Kopf in den Sand stecken und alles schlechtreden wollte.

In psychologischen Kreisen spricht man dann vom sogenannten »Lage-Denken«. Das heißt, man schließt von einer negativen Gefühlslage, die man gerade spürt, auf sein ganzes Leben und übertreibt damit natürlich stark. Gefühle sind flüchtige Zustände und bleiben uns, wenn wir uns nicht gegen sie wehren, niemals dauerhaft erhalten.

Auf Englisch sagt man »No feeling is final«, und diesen Satz liebe ich sehr. Denn er zeigt: Nichts ist so aussichtslos, wie es scheint, und egal, wie schlimm es sich gerade auch anfühlen mag, das Gefühl bleibt nicht ewig.

Genauer gesagt, braucht ein Gefühl nur etwa 90 Sekunden, um durch den Körper zu fließen. Wenn du länger in einem Gefühl festhängst, tust du dies dadurch, dass du weitere Gedanken denkst, die dich tiefer in das Gefühl hineinziehen. Ich kenne das, denn ich hab's ja genauso gemacht.

Wenn wir mit Gefühlen aber das tun würden, was ihr einziger Sinn und Zweck ist, nämlich sie zu *fühlen* anstatt sie zu *denken*, wäre unser Leben um ein Vielfaches einfacher.

Das Spannende ist: Bei positiven Gefühlen wissen wir sehr genau, dass sie wieder vergehen. Wir warten sogar oft darauf. Nach dem Motto: Es kann ja nicht sein, dass gerade alles so gut läuft?! Irgendwann kommt sicher wieder ein Rückschlag. Bei den negativen Gefühlen denken wir jedoch oft, dass sie uns ewig erhalten bleiben.

Während meiner Depression im Sommer 2016 war mein schlimmster Gedanke, der mich täglich verzweifeln ließ: »Was ist, wenn das alles jetzt für immer so bleibt?«

Diesen Gedanken haben wir ja bei richtig schlimmen Liebeskummer auch: »Ich werde nie wieder glücklich werden. Ich werde ihn/sie für immer lieben!«

Hand hoch, wer so einen Gedanken schon einmal gedacht hat! Die Sache ist ja die: Mit einer (kurzen) Phase des Unglücklich-Seins könnten wir immer umgehen; es sind diese Hoffnungslosigkeit und dieses »Es wird nie wieder gut«-Denken, die uns so schwer zu schaffen machen. Aber kein Gefühl bleibt ewig. Und wenn wir uns das klar machen, können wir auch die unangenehmen Gefühle aushalten.

Jedes Gefühl ist wichtig

Am Ende hat *jedes* Gefühl seine Berechtigung, denn sie sind unglaublich wichtige Botschafter und Zeichen. Sie machen uns klar, was in unserem Leben wichtig ist, was Bedeutung für uns hat. Wenn etwas wehtut, heißt es, dass es uns etwas bedeutet hat. Und es hat auch etwas Schönes, sich das klar zu machen und das mal ganz klar zu spüren.

Ich möchte dir zu diesem Thema eine kleine Geschichte erzählen, die mir schon oft geholfen hat, wenn ich mich mal wieder daran erinnern musste, dass alle Gefühle okay sind.

Die Geschichte der Königin

Es war einmal eine Königin, die alles hatte, wovon sie nur träumen konnte. Und trotzdem war sie oft traurig, gestresst und gereizt. Eines Tages holte sie ihre Hofangestellten zu sich und erklärte ihnen, dass sie sich etwas wünschte, was sie immer glücklich machen würde, egal, wie schlecht es ihr ging und wie schwierig eine Situation auch sein möge. Ihre Angestellten waren natürlich mit diesem Auftrag zunächst überfordert, denn wie sollte es etwas geben, das die Königin sofort und immer glücklich machen würde? Sie dachten tagelang nach, wälzten zahlreiche Bücher, aber ihnen fiel einfach nichts ein. Dann holten sie sich den weisesten Mann im Land in den Königspalast und beauftragten ihn mit dem Wunsch der Königin. Einige Tage später kam der Mann mit einem einfachen, schlichten Ring in den Palast und überreichte ihn der Königin. Die Königin war sichtlich enttäuscht über ihr unspektakuläres Geschenk. Wie sollte sie dieser einfache Ring nur immer glücklich machen können? Sie besaß viel teurere und schönere Ringe, und nicht mal die schafften es, die Königin von ihrem Leid zu befreien. Der alte, weise Mann sah die Enttäuschung der Königin und sagte ihr, dass der Ring eine geheime Botschaft enthält, die sie immer dann lesen sollte, wenn sie glaubte, der richtige Moment dafür sei gekommen. Und schon bald sollte es so weit sein. Denn das Land der Königin wurde überfallen und zerstört, und sie verlor einen großen Teil ihres Reiches. Plötzlich erinnerte sie sich an den Ring. Sie öffnete ihn und las den Zettel, der im Ring versteckt war. Auf ihm stand eine kurze Botschaft, die jedoch von ungeheuer wertvoller Bedeutung war: »Auch dies wird vorübergehen.« Während sie diesen Satz las, verstand sie zunächst nicht die große Bedeutung dieser Worte. Doch dann stellte sie fest, dass ihr Land sich nach und nach von der Schlacht erholte. Das Leid und die Armut gingen wirklich vorüber. Die Worte hatten wie ein Wunder gewirkt. Sie faltete den Zettel wieder zusammen und steckte ihn zurück in den Ring. Einige Zeit später eroberte sich die Königin ihr Reich zurück und war nach einigen Monaten reicher als jemals zuvor. Sie war überall im Land beliebt, und die ganze Stadt feierte sie mit Musik und Tanz. Auch der alte, weise Mann war bei diesem Fest anwesend. Er beobachtete, wie euphorisch die Königin mit ihrem Land feierte, und nach einiger Zeit sagte er zu ihr: »Auch jetzt wäre wieder ein guter Moment, um auf die Botschaft des Ringes zu schauen.« – »Was meinst du denn damit?« wunderte sich die Königin. »Mir geht es gut, mein Volk feiert mich, und ich bin glücklich!« – »Hör mir gut zu«, sagte der weise Mann. »Die Botschaft ist nicht nur hilfreich für Zeiten, in denen du unglücklich bist, sie ist ebenfalls wichtig für Zeiten der Euphorie und der Freude.« Die Königin öffnete ihren Ring erneut und las abermals die Botschaft: »Auch dies wird vorübergehen.« Und plötzlich erkannte sie denselben Frieden und dieselbe Stille wie beim ersten Mal. Und sie verstand, dass sie nur wahres Glück erfahren konnte, wenn sie weder an den guten noch an den schlechten Ereignissen in ihrem Leben festhielt. Denn eines ist sicher: Auch dies wird vorübergehen!

Ich finde, diese Geschichte zeigt uns sehr schön, dass es im Leben vor allem darum geht, die guten wie die schlechten Zeiten zu meistern, ohne uns zu sehr darin zu verlieren.

Alltags-Tipp
Go with the flow

Du kannst dir das Leben wie eine Welle vorstellen, auf der du surfst. Statt dich gegen die Welle zu wehren und gegen sie anzuschwimmen, was im Prinzip sowieso unmöglich ist, gehe lieber mit der Welle mit, lass dich auf sie ein, surfe auf ihr, und du wirst sicher und entspannt am anderen Ufer ankommen.

Lektion 9:

Immer schön in Lösungen denken

»Suche nach einer Lösung,
statt dich mit dem Problem
im Kreis zu drehen!«

Jeder hat es schon einmal erlebt: Man steckt in einer schwierigen Situation fest und möchte sie gern überwinden. Statt jetzt aber darüber nachzudenken, was wir aktiv tun können, um aus dieser Situation herauszukommen, denken wir uns immer weiter in das Problem hinein und spielen sämtliche Horrorszenarien durch, die in der Realität niemals eintreten werden. Wir machen so das Problem immer größer und komplizierter, als es eigentlich ist. Dass wir dann Angst bekommen, ist eine natürliche Reaktion auf unser Denken. Wenn wir uns jedoch darauf konzentrieren, was wir verändern können, fühlen wir uns direkt besser.

Wenn du dich das nächste Mal mit deinen Problemen im Kreis drehst und Angst vor der Zukunft bekommst, frage dich deshalb: Was kann ich im Hier und Jetzt konkret tun, damit das, was ich befürchte, nicht eintritt? Und dann konzentriere dich auf diese Möglichkeit, anstatt dich weiter selbst wahnsinnig zu machen.

Was noch helfen kann, eine Lösung zu finden, sind die folgenden vier Fragen, die ich so ähnlich bei Bestsellerautor Tim Ferriss gefunden habe.

1. Frage: Wovor habe ich Angst?
2. Frage: Ist der Gedanke real oder male ich mir einfach nur »Was wäre wenn-Szenarien« über meine Zukunft aus?
3. Frage: Was kann ich tun, um das befürchtete Szenario zu vermeiden?
4. Frage: Was kann ich tun, wenn das befürchtete Szenario tatsächlich eintritt? Gibt es auch dafür eine Lösung?

Unser größtes Problem ist oft, dass wir unsere Gedanken nicht zu Ende denken und somit auch keine Lösung finden. Wir hängen in unserem gedanklichen Schreckensszenario fest und drehen uns im Kreis. Es ist wichtig, zu verstehen, dass unsere Gedanken nicht die Realität sind.

Den Satz »Du musst nicht alles glauben, was du denkst« habe ich 2016 zum ersten Mal von meiner Therapeutin gehört, und er hat buchstäblich mein Leben verändert. Als ich dann das Buch »Jetzt, die Kraft der Gegenwart« von Eckhart Tolle gelesen habe, wurde mir zum ersten Mal klar, dass es eine Möglichkeit gibt, meinen eigenen negativen Gedanken nicht zu glauben. Oder sie zumindest einmal infrage zu stellen. Vielleicht stimmt der ganze Bullshit ja gar nicht, den ich mir über mich selbst (und das Leben) erzähle?

Was für eine Befreiung

Das hat für mich wirklich *alles* verändert, denn endlich war ich frei. Ich war nicht mehr der Sklave meiner eigenen Gedanken. Und ich habe damit aufgehört, mir mit ihnen das Leben zur Hölle zu machen.

Die eigenen Gedanken nicht mehr zu glauben heißt nicht, dass wir sie verdrängen sollen, ganz im Gegenteil. Denn alles, was wir verdrängen, drängt sich uns umso mehr auf. Du kennst sicher das Beispiel: »Denk jetzt nicht an einen rosa Elefanten!« Na, an was hast du gerade gedacht?

Verdrängung funktioniert immer nur, wenn überhaupt, sehr sehr kurzfristig. Ich bringe hier immer gern das Bild von einem Ball, den man versucht, unter Wasser zu drücken. Es mag eine Weile gelingen, aber irgendwann fliegt uns der Ball mit doppelter Wucht um die

Ohren. So ist es mit allem, was wir in unserem Leben verdrängen.

Statt Gedanken zu verdrängen, stell dir lieber ein großes Riesenrad vor, das vor dir steht. Das Rad springt an, und die Gedanken ziehen an dir vorbei, sie kommen und gehen, und du kannst sie beobachten, wie sie vorüberziehen. Du musst nicht in das Riesenrad einsteigen und mit den Gedanken mitfahren. Du kannst davor stehen bleiben und sie einfach beobachten.

Wenn wir jeden Gedanken – so schrecklich er auch sein mag – einfach annehmen und ihn da sein lassen (das bedeutet übrigens eben nicht, ihn zu glauben oder ihn gut zu finden), löst er sich irgendwann in Luft auf. Und zwar genau dann, wenn wir aufhören, gegen ihn anzukämpfen. Das ist auch das Einzige, was meiner Meinung nach bei Zwangsgedanken hilft: sie annehmen. Es sind nur Gedanken. Mehr nicht. Je ernster wir diese Gedanken jedoch nehmen, je mehr wir sie glauben, uns in ihnen verstricken und je schlimmer wir sie finden, desto länger bleiben sie uns erhalten.

Genauso ist es auch mit vielen Dingen im Leben: Sie verwandeln sich in etwas Wunderschönes, wenn wir bereit sind, sie anzunehmen, und damit aufhören, gegen sie anzukämpfen.

Natürlich passiert das nicht von heute auf morgen. Es ist wie so vieles im Leben Übungssache. Je öfter man ein bestimmtes Verhalten übt oder etwas wiederholt, desto leichter geht es einem in Fleisch und Blut über.

Du kannst deine Gedanken nicht kontrollieren, niemand kann das. Genau deshalb stimmt der Satz »Die Gedanken sind frei«. Negative Gedanken werden dich sicher immer wieder mal heimsuchen. Das ist absolut menschlich und normal. Wenn du aber lernst, deinen eigenen negativen Gedanken immer weniger zu glauben und ihnen nicht mehr so viel Bedeutung zu schenken, wird es dein Leben unglaublich erleichtern. Denn somit nimmst du den negativen Quatsch, den du dir über dich selbst erzählst, deine ganzen Selbstzweifel und die Selbstkritik gar nicht mehr so ernst. Es sind nur Gedanken. Und Gedanken haben oft wenig mit der Realität zu tun. Sie kommen oft in Form von negativen Glaubenssätzen aus der Kindheit. Wir haben sie von unseren Eltern oder anderen, uns nahestehenden Menschen gehört und sie seitdem nicht mehr hinterfragt. Mehr zu diesen negativen Glaubenssätzen erfährst du übrigens in Lektion 13.

Alltags-Tipp
Gedanken weiterziehen lassen

Die eigenen Gedanken ab und zu mal pausieren zu lassen und sich Ruhe im Kopf zu gönnen ist ja das, worum es auch bei der Meditation geht: Gedanken beobachten, wahrnehmen und weiterziehen lassen. Mach es dir doch zur Gewohnheit, fünf bis zehn Minuten Stille in deinen Alltag einzuladen. Setze dich dafür an einen ruhigen Ort, konzentriere dich einige Minuten nur auf deinen Atem. Lass deine Gedanken wie Wolken am Himmel vorbeiziehen, hafte nicht an ihnen an. Wenn du diese Meditation regelmäßig machst, wirst du schnell feststellen, wie du innerlich immer ruhiger wirst.

Lektion 10:

Nein ist ein ganzer Satz

»Die Fähigkeit,
das Wort Nein auszusprechen,
ist der erste Schritt zur Freiheit.«

NICOLAS CHAMFORT, FRANZÖSISCHER DRAMATIKER

Nein zu sagen und gesunde Grenzen zu setzen ist etwas, womit sich viele Menschen schwertun. Mir selbst ging es ganz genauso. Und das war mit ein Grund, warum ich 2016 in eine Depression gerutscht bin: jahrzehntelanges Ja-Sagen.

Ich reagiere sehr stark auf die Gefühle von anderen Menschen. Vielleicht kennst du das ja auch, dass ein Mensch einen Raum betritt und du dich plötzlich schlecht fühlst? Ich selbst kenne das sehr gut, und das liegt dann meist daran, dass der Mensch, der gerade durch die Tür kam, schlechte Laune hatte. Für mich ist das immer ganz unangenehm, weil ich direkt alles fühle, was der andere fühlt. Obwohl ich damit eigentlich gar nichts zu tun habe.

Was mir hier sehr geholfen hat, ist die Frage: Sind das eigentlich wirklich *meine* Gefühle, die ich da gerade fühle? Oder die von jemanden anderem? Vielleicht hilft dir das ja auch? So machst du dir zumindest mal ganz bewusst klar, dass die Gefühle gerade nicht zu dir selbst gehören. Und wie heißt es so schön: Einsicht ist der erste Schritt zur Besserung.

Oftmals kam bei mir mit den Gefühlen dann direkt der Wunsch, etwas zu tun, damit es dem anderen besser geht. Manchmal macht das ja auch tatsächlich Sinn, und Mitgefühl und anderen Menschen helfen zu wollen ist ja auch generell eine recht gute Sache. In solchen Momenten die Frage zu stellen: »Kann ich dir irgendwie helfen?« ist also oft hilfreich.

Was aber danach ganz wichtig ist: Diese Gefühle auch wieder loszulassen. Denn Mitgefühl heißt nicht, dass es uns den ganzen Tag aufgrund der Probleme anderer Menschen schlecht geht. Davon hat am Ende ja niemand etwas. Es geht darum, dieses schlechte Gefühl auch irgendwann wieder loszulassen und die Probleme dort zu lassen, wo sie hingehören. Und zwar beim anderen. Das ist das, was mit Abgrenzung gemeint ist.

Es ist natürlich ungeheuer schwer sich abzugrenzen, wenn es zum Beispiel um die eigene Familie geht. Und ich glaube, damit haben viele Menschen große Probleme. Gerade bei engen Familienangehörigen verschwimmen unsere Grenzen. Wir wissen dann oft nicht mehr, wo wir sie ziehen sollen. Das Problem ist aber langfristig: Wenn du nicht weißt, wo deine Grenzen liegen, kannst du sie auch nicht verteidigen.

Manchmal können wir uns nicht so richtig vorstellen, was Grenzen ziehen eigentlich bedeutet und wie es aussehen kann. Deshalb möchte ich es dir hier kurz an einem Bild veranschaulichen: Stell dir vor, du besitzt ein wunderschönes Grundstück. Wenn du jetzt um dieses Grundstück keinen Zaun baust, dann werden Menschen auf deinem Grundstück spazieren gehen. Zuerst wird dich das vielleicht nicht allzu sehr stören. Aber wenn immer mehr Menschen plötzlich dort herumlaufen, sodass nur noch wenig Platz für dich selbst bleibt oder manche Menschen vielleicht sogar in dein Haus hereinkommen, weil auch deine Tür nicht verschlossen ist, wird es langsam zum Problem. Weil du natürlich auch etwas von deinem Grundstück für dich selbst nutzen möchtest. Jetzt weist du vielleicht die Menschen darauf hin, dass sie sich doch bitte von deinem Grundstück entfernen sollen. Diese sind vermutlich erst mal vor den Kopf gestoßen, weil sie ja schon immer hier entlanggelaufen sind, nie einen Zaun gesehen haben und gar nicht wissen, wo dein Grundstück anfängt und wo es zu Ende ist.

Du siehst also: Genau deshalb ist es so wichtig, Grenzen zu setzen. Damit du selbst und andere wissen, wo und wann sie dein Grundstück betreten dürfen. Und natürlich wird sich das die ersten Male etwas unangenehm anfühlen: Eine Grenze zu ziehen, wo vorher keine war, und Nein zu sagen. Ich weiß noch, als ich 2016 damit anfing und zu meiner Therapeutin sagte: »Das fühlt sich aber nicht gut an, und jetzt habe ich ein schlechtes Gewissen.« Und sie mir entgegnete: »Ja, das ist erst mal normal. Dieses schlechte Gewissen müssen Sie nun aushalten lernen. Denn genau deshalb haben Sie ja nie Nein gesagt. Weil sie sich eben nicht so fühlen wollten.«

Heute kann ich sagen: Das schlechte Gewissen wird mit jedem Nein ein bisschen weniger unangenehm. Wenn du also das nächste Mal merkst, dass du dich nicht gut mit etwas fühlst, dann frage dich, ob du vielleicht gerade zu etwas Ja sagst, obwohl du Nein sagen möchtest. Und dann denke an das Bild mit dem Zaun. Und entscheide dich noch mal neu. Funktioniert natürlich nicht immer sofort. Aber funktioniert garantiert mit jedem Mal besser. :-)

Hier sind noch ein paar Möglichkeiten für dich, Nein zu sagen. Vielleicht möchtest du ja den einen oder anderen Satz auch einmal in deinen Alltag einbauen. Ich finde, sie fühlen sich allein beim Durchlesen richtig gut an. Denn das Wort Nein ist eben nicht negativ und schlecht. Ein Nein ist etwas Positives. Es erhält deine mentale Gesundheit. Und denk daran: Du kannst Nein sagen und trotzdem ein guter Mensch sein.

- Ich kann das leider nicht für dich übernehmen.
- Das muss wohl diesmal ohne mich gehen.

- Ich möchte das nicht.
- Damit fühle ich mich nicht wohl.
- Ich möchte nicht weiter darüber diskutieren.
- Es ist keine Entscheidung gegen dich, sondern für mich.
- Danke, aber das geht nicht.
- Das muss ich leider ablehnen.
- Ich habe keine Zeit.
- Ich fühle mich hier nicht zuständig.
- Ich möchte jetzt gehen.
- Danke, aber ich möchte nichts kaufen.

Alltags-Tipp
Wie fühlt es sich an?

Oftmals wissen wir gar nicht mehr, was wir eigentlich wollen und wo unsere persönlichen Grenzen überhaupt liegen. Ein kleiner Tipp von mir: Fühle in bestimmten Situationen mal ganz bewusst in dich und deinen Körper hinein – wie fühlt sich die Situation gerade an? Fühlt es sich unangenehm und eng auf deiner Brust an oder weit und gelöst? Wenn es sich eng und unangenehm anfühlt, ist es ein klarer Hinweis darauf, dass jemand deine Grenzen überschritten hat.

Lektion 11:

Eigene Erfahrungen bereichern

»Information ist kein Wissen.
Die einzige Quelle des Wissens
ist die Erfahrung.«

ALBERT EINSTEIN, DEUTSCHER PHYSIKER

Als ich im Sommer 2016 mitten im Burnout war, sagte mir meine Tante, dass ich irgendwann wahnsinnig dankbar für diese Erfahrung sein werde.

Ich habe damals nicht so wirklich verstanden, was ich damit anfangen soll. Denn wenn ich eines sicher nicht war, dann war es dankbar für meinen absolut desolaten Zustand. Heute weiß ich hingegen sehr genau, was sie mir sagen wollte: Sie meinte damit, dass nichts eigene Erfahrungen ersetzen kann. Kein Buch, keine Dokumentation und keine Gespräche mit Betroffenen. Ich hätte sehr viel über Depressionen und Angststörungen lesen können. Ich hätte alle möglichen Informationen sammeln können – wie sie entstehen und wie man sie wieder loswird. Und dennoch hätte ich nie zu 100 Prozent erfahren und verstanden, wie sie sich anfühlen, was es wirklich heißt, eine Depression zu haben.

Aufgrund meiner eigenen Diagnose habe ich es aber schließlich am eigenen Leib erfahren. Ich weiß also ganz genau, wie es sich anfühlt. Und genau deshalb kann ich so viele Menschen so gut verstehen, die darunter leiden. Und heute ist das ein großes Geschenk für mich. Denn ich kann mit dieser Erfahrung anderen Menschen helfen.

Es muss natürlich nicht immer eine Angststörung oder eine Depression sein. Bei anderen Menschen ist es der Tod eines Familienmitglieds oder eine überstandene Krebserkrankung. Aber eines bleibt gleich: Diese Erfahrung und die eigene Geschichte ist für andere Menschen in derselben Situation von unschätzbarem Wert. Denn sie sehen, sie sind nicht allein mit ihrem Leid und ihren Gefühlen. Es gibt Menschen, die genau dasselbe erlebt haben. Die durch die dunkelsten Zeiten gegangen sind und die schlussendlich das Licht am Ende des Tunnels wiedergefunden haben. Das macht Mut und Hoffnung, und es ist meiner Meinung nach so ziemlich das Schönste, was wir an andere Menschen weitergeben können.

Ich weiß nicht, was du in deinem Leben bereits durchgemacht hast oder gerade durchmachst, aber vielleicht tröstet dich der Gedanke, dass du damit irgendwann anderen Menschen in derselben Lage unglaublich viel helfen und geben kannst. Vielleicht macht es das Ganze ja ein bisschen leichter für dich.

Ich finde diese Sichtweise hilft auch bei kleineren Herausforderungen und Problemen des Alltags. Denn wenn wir einmal eine Lösung für ein Problem gefunden haben, tun wir es beim zweiten Mal etwas leichter und können diese Tipps auch an andere weitergeben. Es ist am Ende doch so, dass wir am allermeisten durch unsere eigenen Erfahrungen lernen.

Alltags-Tipp
Welche Erfahrungen haben dich geprägt?

Niemand geht ohne Gepäck und ohne Erfahrungen durchs Leben. Wir alle haben unser ganz eigenes Päckchen zu tragen und führen Kämpfe, von denen niemand weiß. Welche Erfahrungen haben dich in deinem Leben geprägt? Und was kannst du dadurch an andere Menschen, Freunde und Familie weitergeben? Vielleicht hast du ja Lust, dir heute diese Frage einmal ganz bewusst zu stellen und dich damit auseinanderzusetzen.

Lektion 12:

Dein Körper weiß Bescheid

»Geh du vor«, sagte die Seele zum Körper,
»auf mich hört er nicht!« –
»Ich werde krank werden,
dann wird er Zeit für dich haben«,
sagte der Körper zur Seele.

ULRICH SCHAFFER, DEUTSCHER SCHRIFTSTELLER

Kennst du vielleicht diese Songzeilen der Münchner Band *Sportfreunde Stiller*?

»Tu nur das, was dein Herz dir sagt.
Alles andere soll dich nicht stören.
Doch mein Herz steckt im Kopf,
und mein Kopf steckt im Sand.
Darum kann ich mein Herz nicht richtig hören.«

Diese Zeilen erinnern mich so sehr daran, wie es mir jahrzehntelang ging und auch heute manchmal noch geht: Ich weiß nicht, was mein Bauchgefühl oder mein Herz mir sagen will, weil ich zu sehr in meinem Kopf feststecke. Ich denke zu viel und fühle zu wenig.

Wenn man das schon immer so gemacht hat, ist es ungeheuer schwer, herauszufinden, wann das Herz oder der Bauch und wann der Kopf spricht. Was mir jedoch hilft, um mehr auf meinen Körper und mein Bauchgefühl oder mein Herz zu hören, ist, immer mal wieder bewusst – gerade vor einer Entscheidung – in ihn hineinzuspüren.

Immer wenn ich mir unsicher bin, wenn ich eine Entscheidung treffen soll und ich absolut nicht weiß, welche Alternative ich wählen soll, frage ich also nicht zuerst meinen Kopf, sondern meinen Körper. Denn das Gute ist ja: Unser Körper lügt uns nie an, denn er kann nur fühlen und nicht denken! Wenn du das nächste Mal also vor einer Entscheidung stehst und nicht weißt, was du tun sollst, höre auch du einmal ganz bewusst in deinen Körper hinein. Was sagt dir denn dein Bauchgefühl wirklich? Meist ist es so, dass wir die Entscheidung tief in unserem Inneren bereits getroffen haben. Wir trauen uns nur nicht, sie auch wirklich mit allen Konsequenzen durchzuziehen. Wenn du dir nicht sicher bist, gib dir noch ein paar Tage mehr Zeit, und konzentriere dich bewusst auf deine Gefühle und Einstellungen zu dem Thema. Meditiere, gehe spazieren, versuche nicht, an die anstehende Entscheidung zu denken. Unsere Intuition, unsere Kreativität und bestimmte Einsichten kommen oft dann zu uns, wenn wir aufgehört haben, sie erzwingen zu wollen.

Aber Vorsicht: Verwechsle dein Bauchgefühl nicht mit Angst. Angst ist immer ein schlechter Ratgeber, denn sie hasst Veränderungen. Sie lähmt dich und vernebelt dir die Sinne und lässt dich oft glauben, dass du Dinge vielleicht aufgrund eines »schlechten Bauchgefühls« nicht machen solltest, obwohl es in Wahrheit einfach nur Angst ist.

Wie unterscheide ich nun das eine vom anderen? Indem du versuchst, zur Ruhe zu kommen und aus der Ruhe heraus zu entscheiden. Zum Beispiel, wenn du spazieren gehst, eine Runde meditierst oder eine Atemübung machst. Einige gute Atemübungen findest du im Anhang dieses Buches.

Statt also eine Entscheidung mit dem Kopf zu treffen, frage dich das nächste Mal einfach: Wie fühlt sich Entscheidung A für mich an? Und wie fühlt sich Entscheidung B für mich an? Du wirst ziemlich schnell feststellen, was die »richtige« Entscheidung für dich ist.

Wenn es dir schwerfällt, dein Bauchgefühl anzuzapfen, finde ich eine Übung des Bestsellerautors Lars Amend ganz hilfreich, vielleicht magst du sie ja auch mal für dich ausprobieren:

Hol dir eine Münze und lege fest, welche Alternative Kopf ist und welche Alternative Zahl. Wirf dann die

Münze in die Luft. Kurz bevor die Münze auf den Boden fällt, wirst du dir höchstwahrscheinlich ein bestimmtes Ergebnis wünschen. Und voilà: Hier hast du deine Entscheidung!

Wir überhören Dinge, bis es plötzlich knallt

Der Körper ist aber nicht nur bei Entscheidungen, sondern auch sonst ein ziemlich guter Ratgeber. Oft präsentiert er uns unsere Probleme getarnt als Krankheitssymptome. Du kennst einige dieser Redewendungen sicher auch. Sie machen deutlich, wie sehr die Seele und die eigene Psyche sich auf unseren Körper auswirken kann.

»Ich habe einen Kloß im Hals.«
»Das liegt mir schwer im Magen.«
»Das lastet mir schwer auf den Schultern.«
»Das nimmt mir die Luft zum Atmen.«
»Es ist zum aus der Haut fahren.«
»Das treibt mir den Schweiß auf die Stirn.«
»Das bereitet mir Kopfzerbrechen«

Wenn sich Krankheiten medizinisch nicht erklären lassen bzw. keine körperliche Ursache gefunden wird, spricht man oft von psychosomatischen Symptomen. Diese sind zum Beispiel Erschöpfung und Müdigkeit, Magen-Darm-Beschwerden, Kopfschmerzen, Übelkeit, Schwindel, Hautausschläge sowie Herz-Kreislauf-Probleme. Auch Panikattacken sind oft als ein Hilfeschrei der Seele zu verstehen.

Ich hatte 2016, mitten in meinem Burnout, jede Menge all dieser Symptome. Zum Beispiel einen starken

Hautausschlag am ganzen Dekolleté sowie meinem Hals. Damals konnte mir kein Hautarzt sagen, was das ist. Heute weiß ich es ziemlich genau: Mein Leben und die Lage, in die ich mich selbst gebracht hatte, war im wahrsten Sinne des Wortes zum »aus der Haut fahren«.

Außerdem haben mich starke Panikattacken verfolgt. Sie sind nicht etwa lebensbedrohlich, wie wir das oft im akuten Panikmoment denken. Ich habe mal ein Zitat über solche Attacken gelesen, das mich sehr berührt hat und in etwa so lautete:

»Eine Panikattacke ist letztendlich als Hilfeschrei des eigenen Körpers zu sehen. Atemnot, Taubheitsgefühle, Herzrasen, Druck auf der Brust. Bis der Geist versteht, dass es ein Schicksalsschlag, eine gescheiterte Beziehung, ein Ja, eine Überstunde oder eine Party zu viel waren, müssen erst einmal alle physischen Register gezogen werden!«

Das Zitat macht deutlich, dass es wirklich wichtig ist, gut auf sich aufzupassen. Und dass wir Menschen dazu neigen, Dinge zu verdrängen und zu »überhören«, bis plötzlich der große Knall kommt. Genau deshalb sind ein Leben in Balance und ein gutes Körpergefühl unglaublich wichtig für ein glückliches und entspanntes Leben.

Natürlich ist nicht jedes Symptom psychisch bedingt, und man sollte bei längeren körperlichen Beschwerden und vor allem bei starken Schmerzen einen Arzt aufsuchen. Aber es lohnt sich wirklich, mehr auf seinen Körper zu hören, ihn regelmäßig fragen, was er gerade braucht und mehr mit ihm Hand in Hand gehen.

Was wollen dir deine Schmerzen sagen?

Wenn dich körperliche Beschwerden plagen und du nicht so recht weißt, wo sie herkommen und warum sie dich plagen, stell dir doch mal Folgendes vor: Nehmen wir an, du hast Magenschmerzen, die dich oft aus heiterem Himmel überkommen. Wie wäre es, wenn du diese Magenschmerzen einmal personifizieren würdest. Das heißt, frage dich einmal: Sind diese Schmerzen ein Mann oder eine Frau? Wie sehen die Schmerzen aus? Welche Form und welche Farbe haben sie? So kommen wir dem Schmerz oft schon etwas auf die Schliche. Nun kannst du dir noch überlegen, was die Schmerzen dir denn gern sagen würden, wenn du mit ihnen reden könntest. Frage die Person doch mal, warum sie immer wieder zu dir kommt und welche Botschaft sie dabei hat? Und dann frage sie, was sie eigentlich von dir möchte und was es braucht, damit sie zukünftig von diesen Besuchen absieht. Es ist wirklich erstaunlich, was bei so einem »Gespräch« herauskommt, denn oft wissen wir eigentlich sehr genau, was uns fehlt. Wir haben nur verlernt, richtig hinzuhören.

Zum Ende dieses Kapitels möchte ich dich zu einer kleinen Übung einladen. Hast du schon einmal etwas von der Kinesiologie gehört? Sie beschäftigt sich mit den Zusammenhängen zwischen unseren Muskeln, unseren Meridianen und dem Einfluss auf den Energiefluss im gesamten Körper. Ein Tool aus diesem Bereich ist das sogenannte Körperpendel. Natürlich ist es kein Garant für richtige Antworten, und es wird auch häufig kritisiert, aber ich finde es spannend und erstaunlich, wie oft man damit richtigliegt. Und man kann damit auf jeden Fall lernen, die eigenen Intuition zu stärken. Vielleicht magst du es ja auch einmal ausprobieren, ohne es allzu ernst zu nehmen.

Alltags-Tipp
Befrage deinen Körper

Das Körperpendel kann dir dabei helfen, deinem Unterbewusstsein ein bisschen auf die Schliche zu kommen. Dafür stellst du dich zunächst gerade hin, lässt die Arme an den Seiten nach unten hängen und stellst dir eine einfache Frage, auf die du mit Ja oder Nein antworten kannst. Zum Beispiel: Heiße ich Christina? Achte darauf, ob sich dein Körper nach vorn oder nach hinten bewegt beziehungsweise ob du nach vorn oder hinten kippst. Merke dir nun, welche Richtung Ja und welche Nein bedeutet. Stelle deinem Körper weitere Fragen und nutze das »Körperpendel« als Instrument für die Antwort.

Lektion 13:
Du schaffst das

»Ob du denkst, du kannst es,
oder du kannst es nicht:
Du wirst auf jeden Fall recht behalten.«

HENRY FORD, US-AMERIKANISCHER ERFINDER

Ich war kürzlich mit meinem Sohn auf dem Spielplatz, und er hat mich mal wieder beeindruckt, als er plötzlich auf ein Klettergerüst kletterte und rief: »Schau mal Mama, ich schaffe das!« Es ist immer wieder so schön zu sehen, wie er sich selbst anfeuert. Wie er selbst sein größter Cheerleader ist. Und manchmal feuert er sogar mich an, wenn er das Gefühl hat, dass ich mit etwas hadere, und meint: »Du schaffst das, Mami!«

Ich finde das unglaublich toll, denn Kindern kommt es ja gar nicht in den Sinn, sich selbst fertigzumachen. Oder anzunehmen, dass sie etwas nicht können. Warum auch? Das macht keinen Spaß, und damit beschwört man Dinge nur herauf, die man ja gar nicht in seinem Leben haben will. Bei Erwachsenen ist das leider fast normal, dass wir bei schwierigen Situationen erst mal »Oh Gott, ich schaffe das *nicht*« denken und eben nicht »Ich schaffe das«. Während meines Burnouts war »Ich schaffe das nicht (mehr)« ein Satz, der mich stark belastet hat, weil er mir das Gefühl gegeben hat, schwach zu sein.

Es geht mir hier übrigens nicht darum, möglichst viel zu schaffen und sich bis an seine Belastungsgrenze zu bringen, weil man sich immer mehr und noch mehr aufhalst. Der Sinn des Lebens ist es nämlich nicht, möglichst viel zu schaffen, sondern möglichst glücklich zu sein. Es geht vielmehr darum, zu schauen: Was *willst* du denn schaffen?

Der erste Schritt zum Ziel ist es, daran zu glauben, dass du etwas erreichen kannst. Auch Sportler konzentrieren sich mittlerweile viel auf das mentale Training. Sie stellen sich zum Beispiel mithilfe von Mentaltechniken in allen einzelnen Details vor, wie es sich anfühlt, den

Pokal oder die Medaille zu holen. Das Spiel zu gewinnen. Den Rekord zu knacken. Natürlich ersetzt das mentale nicht das körperliche Training. Aber es ist eben nicht zu unterschätzen, denn oft macht der Wille am Ende das entscheidende Quäntchen aus, das noch zum Erfolg gefehlt hat.

Warum gelingt es uns aber so selten, wirklich an uns zu glauben und für unsere Wünsche und Bedürfnisse einzustehen? Das liegt oft daran, dass viele von uns als Kind viele negative Glaubenssätze über sich selbst und die Welt gelernt haben. Vielleicht hast du ein paar von diesen Sätzen im Lauf deines Lebens auch öfter einmal gehört?

- Hör gefälligst zu, wenn ich mit dir rede!
- Das macht man doch nicht!
- Sei ein braves Mädchen!
- Tu, was man dir sagt!
- Du bist zu langsam, beeil dich!
- Ein Indianer kennt keinen Schmerz!
- Streng dich gefälligst mehr an!
- Jungs weinen nicht!
- Stell dich nicht so an!
- Sei nicht so laut!
- Jetzt reiß dich mal zusammen!

Je öfter wir einen Satz hören, desto eher sind wir geneigt, ihn zu glauben. Und viele von uns haben einige dieser Sätze sehr oft gehört. Wie stark unsere falschen Glaubenssätze unser Leben beeinflussen, macht die Geschichte vom Elefanten aus dem Buch »Komm, ich erzähl dir eine Geschichte« von Jorge Bucay deutlich, die ich hier gern frei erzählt mit dir teilen möchte:

Es war einmal ein großer starker Elefant, der in einem Zirkus auftrat. Damit er nach der Vorstellung nicht weglaufen konnte, wurde der Elefant jeden Tag an einem dünnen Seil neben dem Zirkuszelt angebunden. Ein Tier, das so groß und stark wie ein Elefant ist, könnte sich eigentlich mühelos von diesem Seil losreißen. Doch warum macht sich der Elefant nicht einfach auf und davon? Was hält ihn davon ab? Der Elefant flieht deshalb nicht, weil er schon seit seiner frühesten Kindheit an diesem dünnen Seil festgemacht ist. Als er noch ein kleines Baby war, hatte er ein paarmal versucht, sich loszureißen, und die Erfahrung gemacht, dass er zu schwach dafür war. Daraufhin hatte er aufgegeben und es nie wieder versucht. Dieser mächtige Elefant flieht also nicht, weil er auch heute noch glaubt, dass er es nicht kann!

Genauso wie der Elefant verhalten wir Menschen uns auch oft. Wir haben irgendwann in unserem Leben einmal diese negativen Glaubenssätze über uns festgesetzt und haben sie seitdem nie wieder geprüft und hinterfragt.

Eine tolle Methode, mit der du deine Glaubenssätze und negative Gedanken hinterfragen kannst, ist die Methode »The Work« von Byron Katie. Das kann man zum Beispiel mit den folgenden vier Fragen machen:

1. Ist mein Gedanke wirklich wahr?
2. Kann ich mit 100-prozentiger Wahrscheinlichkeit wissen, dass dieser Gedanke wahr ist?
3. Wie fühle ich mich, wenn ich diesen Gedanken glaube?
4. Wie würde ich mich ohne diesen Gedanken fühlen?

Wenn du dir diese Fragen stellst, merkst du schnell: Du kannst so gut wie nie wissen, ob dein Gedanke gerade wirklich zu 100 Prozent der Wahrheit entspricht, und du machst dir deinen Stress und deine negativen Gefühle gerade mit deinem Denken selbst. Durch diese Erkenntnis ist bereits viel gewonnen. Denn du kannst dich dann im nächsten Schritt erst einmal dafür entscheiden, die eigenen negativen Gedanken nicht mehr zu glauben, sondern sie wie Wolken am Himmel einfach vorbeiziehen zu lassen. Wenn du es schaffst, dich nicht mehr mit deinen Gedanken zu identifizieren und dich nicht mehr in ihnen verstrickst, wird dein Leben um ein Vielfaches leichter.

Wir haben den Satz »Du schaffst das!« nun in unserer Familie etabliert und sagen es uns regelmäßig gegenseitig. Und ich muss jedes Mal lächeln, wenn ich ihn höre oder selbst sage. Probiere es doch auch mal in deinem Leben aus! Das Gute ist nämlich, dass man sich direkt besser fühlt.

Alltags-Tipp

Was denkst du über dich?

Überlege dir, mit welchen negativen Eigenschaften du dich spontan beschreiben würdest. Starte mit den Wörtern »Ich bin …«, und notiere dann alle negativen Eigenschaften, die dir zu deiner Person einfallen. Versuche dabei, so wenig wie möglich zu überlegen. Schreibe dann die fünf Gedanken über dich auf, die dich am meisten belasten. Und nun versuche einmal, Gegenbeweise für deine Gedanken zu finden. Ein Beispiel: Wenn dein Gedanke lautet »Ich bin nicht klug genug«, frage dich, in welchen Bereichen deines Lebens du bereits dein Wissen unter Beweis stellen konntest. Was hast du bereits gemeistert, welche Prüfungen bestanden?

Lektion 14:

So erreichst du deine Ziele

»Träume können wahr werden,
wenn wir den Mut haben,
ihnen zu folgen.«

WALT DISNEY, US-AMERIKANISCHER TRICKFILMZEICHNER

Ich hatte jahrzehntelang unglaublich viele Ziele, von denen ich nur die wenigsten tatsächlich erreicht habe. Und ich glaube, das geht ganz vielen Menschen so. Aber warum erreichen nur so wenige, tatsächlich das, was sie sich wünschen? Ich habe in den letzten Jahren festgestellt, dass dies meist zwei Gründe hat. Erstens: Viele wissen gar nicht wirklich genau und im Detail, was sie eigentlich wollen. Und zweitens: Sie geben kurz vor dem Ziel auf.

Punkt 1 klingt vielleicht banal, aber in der Realität ist das häufig ein großes Problem: Ziele werden viel zu schwammig formuliert. Nicht im Detail und glasklar, sondern nur so ungefähr. Nimm dir mal als Verdeutlichung das Beispiel des Navigationssystems im Auto: Wann meinst du, wirst du an dem gewünschten Zielort eher ankommen? Wenn du die genaue Adresse und Straße ins Navi eintippst oder wenn du einfach nur ungefähr irgendeine Stadtmitte eingibst?

Bevor du dir also ein Ziel setzt, frage dich zuerst: Was wünsche ich mir *wirklich* von meinem Leben? Was ist mein Ziel? Und dann male dir das Ziel so genau und so detailliert aus, wie es dir möglich ist. Nur so kannst du sicher sein, dass du dein Ziel auch tatsächlich erreichst und es erkennst, wenn es vor dir liegt.

Auch Punkt 2 ist nicht zu unterschätzen. Denn wenn wir ein Ziel erreichen wollen, geht es vor allem um unser Durchhaltevermögen: Dinge auch zu tun, wenn sie unangenehm sind und mühsam. Durchzuhalten. Wie ich es bereits in Lektion 1 erwähnt habe, geht es im Leben oft darum, kurzfristig Leid auszuhalten, um langfristig glücklich zu sein.

Der Grund, warum wir oft nicht das erreichen, was wir uns vorgenommen haben, ist, dass wir uns von

Hindernissen auf dem Weg viel zu schnell verschrecken und einschüchtern lassen. Dabei könnten wir das ändern, in dem wir uns vorher schon mit den Hindernissen, die uns begegnen könnten, bekannt machen und uns auf sie einstellen. Deshalb liebe ich die folgende Methode so, und vielleicht hilft sie dir ja auch beim Erreichen deiner Ziele.

WOOP-Methode (von Gabriele Oettingen)

Worum geht es in der WOOP-Methode? WOOP steht für vier Begriffe:

W = Wish (Wunsch/Ziel)
O = Outcome (Ergebnis)
O = Obstacle (mögliches Hindernis)
P = Plan (Plan)

Das Besondere an dieser Methode ist, dass sie die Hindernisse auf dem Weg zu unserem Ziel gleich mit einplant. Mach doch gleich einmal mit, und überlege dir einen Wunsch. Nimm für den Anfang am besten etwas, was nicht allzu schwer zu erreichen ist. Definiere dein Ziel so genau und detailliert wie möglich. Im zweiten Schritt geht es darum, welches Ergebnis du erzielen möchtest. Wie wirst du dich fühlen, wenn das Ziel erreicht beziehungsweise dein Wunsch erfüllt ist? Im dritten Schritt überlegst du dir ein mögliches Hindernis, das dir auf dem Weg zu deinem Ziel begegnen könnte. Suche dir das Hindernis aus, das dir am größten erscheint. Zuletzt überlegst du dir nun einen Plan, mit dem du dem Hindernis begegnen könntest. Was kannst du tun, falls das Hindernis eintritt? Wie könntest du es überwinden?

Mit dieser WOOP-Methode kann es dir zukünftig leichter fallen, deine Ziele auch tatsächlich zu erreichen, denn so bist du für alle Eventualitäten gewappnet.

Für mich hat diese Methode einen großen Unterschied gemacht. Wenn ich mir heute ein neues Ziel setze, frage ich mich immer: Was könnte schiefgehen, und wie gehe ich dann am besten damit um? Das hat gar nichts mit Schwarzmalen und negativem Denken zu tun, sondern es geht darum, eine mögliche Lösung für ein Problem zu finden und sie im Ernstfall parat zu haben. Mir gibt das immer ein gutes Gefühl und Selbstvertrauen: Zu wissen, dass ich – auch wenn etwas schiefgeht – damit umgehen kann. Denn es gibt wirklich für vieles im Leben eine Lösung. Manchmal brauchen wir nur etwas Zeit, darüber nachzudenken. Mit dieser Methode machen wir das schon vorher, damit wir im stressigen Ernstfall besser damit umgehen können. Und wenn dann am Ende gar nichts schiefgeht: Umso besser :-).

Alltags-Tipp

Fang klein an

Damit wir nicht allzu schnell die Motivation verlieren, ist es wichtig, klein anzufangen. Uns zuerst Dinge vorzunehmen, die wir auf jeden Fall schaffen können und uns nicht mit zu großen Zielen zu überfordern und unter Stress zu setzen. Denn so wächst unser Selbstbewusstsein: Indem wir unser Wort uns selbst gegenüber halten und die Dinge durchziehen, die wir uns vorgenommen haben. Fang doch einfach mal damit an, zehn Minuten pro Tag zu meditieren, Sport zu machen, zu lesen oder Tagebuch zu schreiben.

Diese zehn Minuten mögen dir vielleicht wenig erscheinen, sie machen aber, wenn wir sie jeden Tag tun, einen großen Unterschied. Und wenn das gut klappt, können wir sie auch auf 15, 20 oder 30 Minuten ausdehnen.

Lektion 15:

Nähe und Distanz

»Wenn wir jedes Nein vermeiden, dann ist auch unser Ja erzwungen.«

Viele Menschen haben ein Problem damit, Nähe und Distanz richtig auszubalancieren. Das ist vor allem etwas, was in Partnerschaften unglaublich wichtig ist. Ich habe einmal gelesen, es sei in einer Beziehung wie mit einem Gummiband, das um die beiden Partner gewickelt ist. Manchmal entfernt man sich voneinander, das Band dehnt sich, und manchmal kommt man sich wieder entgegen, das Band zieht sich zusammen. Diese verschiedenen Phasen sind ganz normal und auch wichtig für eine Partnerschaft. Ein stabiles Band hält sowohl die Distanz als auch die Nähe aus und reißt dabei nicht. Das Bild hat mir gefallen, und ich denke bis heute viel daran.

Dass ich selbst auch starke Bindungsangst habe, wurde mir eigentlich erst bewusst, als ich meinen heutigen Mann kennengelernt habe – im Jahr 2016 ganz kurz vor meinem Burnout. Er war nämlich der erste Mann, bei dem ich gespürt habe: Er tut mir wirklich so richtig gut, und er meint es wirklich ernst.

Davor hatte ich mir irgendwie immer Männer ausgesucht, die nicht wirklich »erreichbar« waren, auf die ein oder andere Art und Weise. Und ich habe mich natürlich immer beschwert: »Warum gerate immer ich an diese Männer?« Auf den Gedanken, dass ich mir genau diese Männer selbst aussuche und damit aktiv in mein Leben hole, wäre ich nie gekommen. Oder dass Bindungsangst und Verlustangst oft zwei Seiten einer Medaille sind.

Ein Buch, das wirklich nachhaltig meine Sicht auf Liebe und Beziehungen verändert hat, war das Buch von Stefanie Stahl »Jeder ist beziehungsfähig«. Große Empfehlung an dieser Stelle an jeden, der das Gefühl hat, »immer an den falschen Mann oder an die falsche Frau zu geraten«.

Heute sehe ich das ganze Konzept »Liebe« anders. Hört sich ziemlich unromantisch an. Und wenn man Romantik mit einer gewissen Verklärtheit übersetzt, ist es das vielleicht auch. Aber Liebe hat mit dem anfänglichen Verliebtsein tatsächlich nicht mehr so viel zu tun. Was jedoch nicht bedeutet, dass es »schlechter« ist, ganz im Gegenteil. Liebe ist kein ständiges High-Gefühl wie in Disney-Filmen und romantischen Komödien. Wahre Liebe ist vielmehr echt und tief und oft unperfekt. Und sie hat viel mehr mit einer Entscheidung zu lieben zu tun, als wir denken. Liebe ist immun gegen plötzliche Stimmungsschwankungen und Launen, denn Liebe weiß: Es wird nicht jeden Tag rosarot und sorgenlos sein. Die Liebe sitzt das aus. Weil sie sicher ist, dass auch wieder bessere Zeiten kommen. Liebe schmeißt nicht alles hin, aufgrund einer holprigen Phase. Liebe bleibt. Ich glaube, wenn das mehr Menschen verstehen würden, hätten wir weniger Scheidungen und Trennungen.

Vor meiner Hochzeit habe ich unserer Standesbeamtin ein Zitat gegeben, das ich sehr liebe: »Liebe bedeutet nicht, dass man einander ansieht, sondern dass man gemeinsam in dieselbe Richtung blickt.«

Das beschreibt eigentlich alles, worum es bei der Liebe meiner Meinung nach geht: gemeinsam an einem Strang ziehen, zusammen in die selbe Richtung laufen, dieselben Ziele und Vorstellungen vom Leben und von der Zukunft haben. Denn wenn man all dies nicht hat, wird es schwierig.

Ein weiterer Satz meiner Therapeutin, der mir bis heute im Gedächtnis geblieben ist: »Sie können nur richtig Ja zu etwas sagen, wenn sie sich auch trauen, Nein zu sagen.«

Am Anfang wusste ich nicht so wirklich, was sie damit meinte, heute ist es mir klar: Es ging damals auch um die richtige Balance zwischen Nähe und Distanz. Die Fähigkeit zu haben, sich anderen Menschen mit einem Ja zu nähern und sich von ihnen mit einem Nein abzugrenzen. Wenn wir diese Balance nicht halten können, wenn wir jedes Nein vermeiden, dann ist auch unser Ja erzwungen.

Heute halte ich es so: Lieber ein ehrliches Nein als ein gequältes Ja. Denn davon haben alle Parteien am meisten. Durch unterdrückte Neins entstehen unglaublich viele Konflikte, sowohl zwischenmenschliche als auch innere Konflikte, welche massiven Schaden anrichten können.

Wenn wir ein Leben gegen unseren Willen leben, sind wir unter permanentem innerem Stress. Wir richten unseren Ärger so nicht an andere und sagen Nein, wenn wir etwas nicht wollen. Wir richten unsere Aggression nach innen, gegen uns selbst, und schlucken Dinge runter, die uns nicht passen. Therapeuten beschreiben Depression oft als »nach innen gerichtete Wut und Ärger«.

Zu lernen, sich von anderen abgrenzen zu können, Nein zu sagen und seine Wünsche und Bedürfnisse klar zu äußern, ist unglaublich wichtig für unsere mentale Gesundheit und ein entspanntes und glückliches Leben.

Alltags-Tipp
Lerne, dich abzugrenzen

Wenn es dir auch schwerfällt, dich von anderen abzugrenzen, kann dir vielleicht diese kleine Imaginationsübung helfen: Stell dir vor, dass du um dich herum eine unsichtbare Blase beziehungsweise eine unsichtbare Haut hast, die deinen ganzen Körper umhüllt. Diese Haut schützt dich vor allen negativen Einflüssen von außen. Du kannst nun ganz für dich bleiben, denn durch diese Blase kommt niemand hindurch. Es ist nur ein kleines gedankliches Experiment, kann aber in schwierigen Situationen ganz viel bewirken.

Lektion 16:

Auch mit kleinen Schritten kommst du ans Ziel

»Auch eine Reise von 1000 Meilen
beginnt mit dem ersten Schritt.«

LAO TSE, CHINESISCHER PHILOSOPH

Im Lauf unseres Lebens werden wir oft ungeduldig. Uns gehen die Dinge nicht schnell genug, wir wollen alles sofort haben und haben das Gefühl, dass wir auf der Stelle treten und nicht weiterkommen. Unser großes Ziel scheint so weit entfernt, dass wir erst gar nicht damit beginnen. Die Motivation verlässt uns, denn wir unterschätzen die vielen kleinen Schritte, und wir überschätzen die großen.

Kennst du die Fabel von der Schildkröte und dem Hasen? In der Fabel geht es darum, dass eines Tages eine Schildkröte einen Hasen zum Wettrennen herausforderte. Sie vereinbarten einen Termin und luden alle Tiere im Wald zum Zusehen ein. Der Startschuss fiel, und die Schildkröte machte sich in gewohnter Langsamkeit in Richtung des Ziels auf. Der Hase, der wusste, dass er viel schneller laufen konnte als die Schildkröte belächelte die Schildkröte, machte sich über sie lustig, äffte sie nach und unterhielt damit die Zuschauer. Vor lauter Theater, das der Hase machte, wurde er aber so müde, dass er sich hinlegen musste, um ein Nickerchen zu machen. Er war sich sicher: Er würde es trotz seines Schläfchens immer noch schaffen, die lahme Schildkröte einzuholen. Die Schildkröte steuerte stattdessen, langsam aber bestimmt auf das Ziel zu und erreichte als erste die Ziellinie.

Wenn du also einmal das Gefühl hast, dass du zu langsam bist, denk an diese Schildkröte und daran, dass man auch mit vielen kleinen Schritten sein Ziel erreichen kann. Und manchmal ist dieser Weg sogar um einiges bequemer, sicherer und souveräner als der andere Weg.

Wenn du noch heute etwas an deinem Leben verändern willst, braucht es also zwei Schritte.

1. Zu wissen, was du willst, eine Entscheidung treffen, noch heute damit anzufangen und dann …
2. … durchzuhalten!

Wie halten wir nun durch? Indem wir Dinge immer wieder tun, so lange, bis wir Erfolg haben. Indem wir uns Routinen schaffen, die uns guttun und weiterbringen. Eine Routine oder eine Gewohnheit ist eine sogenannte neuronale Verschaltung in unserem Gehirn. Alles, was wir regelmäßig üben und in unseren Alltag einbauen, führt zu solchen Verschaltungen. Je öfter wir etwas üben und durchführen, desto einfacher fällt es uns, bis es irgendwann automatisch abläuft.

Als ich 2006 mit dem Rauchen aufgehört habe, war mein Ziel nicht: Ich werde nie wieder in meinem ganzen Leben eine Zigarette rauchen. Mein Ziel war vielmehr: Nur an diesem einen Tag heute werde ich nicht rauchen. Ich habe mir immer wieder aufs Neue nur diesen einen Tag vorgenommen. Und plötzlich wurden aus einem Tag, eine Woche, ein Monat, ein Jahr. Und umso länger man nicht raucht, desto unwahrscheinlicher wird es, dass man wieder anfängt. Und mittlerweile habe ich in 16 Jahren keine einzige Zigarette mehr angerührt.

Und so ist es nicht nur mit dem Rauchen, sondern mit ganz vielen Dingen in unserem Leben. Wenn wir damit beginnen, kleine Dinge in unserem Alltag zu verändern, können diese eine große Wirkung haben. Vielleicht kann dir die folgende Vorgehensweise ja auch dabei helfen, die ich gern mir dir teilen möchte. Es geht hier darum, die eigene Sicht auf die Dinge zu verändern und somit auch die Dinge selbst. Ich habe diese Tabelle häufig genutzt, um ein neues Verhalten zu »lernen«, und sie als sehr hilfreich empfunden.

Neues Verhalten lernen am Beispiel »Ich stehe im Stau«

Das Problem: Ich stehe jeden Tag auf dem Weg zur Arbeit im Stau.
Meine Gefühle: Ich bin genervt und gereizt, ich werde ungeduldig und habe Angst, zu spät zu kommen.
Meine bisherige Reaktion: Ich schreie und fluche im Auto.
Meine neue Reaktion: Ich mache eine Atemübung, höre beruhigende Musik und nutze die Zeit sinnvoll für mich.

Immer wenn mir heute etwas besonders schwierig erscheint und ich glaube, dass ich eine bestimmte Sache niemals schaffen werde, weil sie unendlich weit weg erscheint, oder wenn ich mal wieder den Wald vor lauter Bäumen nicht sehe, muss ich an den Straßenkehrer »Beppo« aus dem Buch Momo denken. Denn er wusste auch um die Macht der kleinen Schritte. Diese Geschichte hat mir schon so oft geholfen. Manchmal erscheint uns ein Problem oder eine Schwierigkeit wie ein großer unbezwingbarer Berg, und das Ziel scheint in weiter Ferne. Doch wir müssen jetzt noch nicht wissen, wie etwas ausgeht, wir dürfen uns nur auf unseren nächsten Schritt konzentrieren, denn diesen können wir immer schaffen. Und so verlieren wir auch nicht die Motivation.

Der alte Straßenkehrer Beppo verrät seiner Freundin Momo sein Geheimnis. »Manchmal hat man eine sehr lange Straße vor sich. Man denkt, die ist so schrecklich lang; das kann man niemals schaffen. Und dann fängt man an, sich zu eilen. Und man eilt sich immer mehr. Jedes Mal, wenn man aufblickt, sieht man, dass es gar nicht weniger wird, was noch vor einem liegt. Und man strengt sich noch mehr an, man kriegt es mit der Angst zu tun, und zum Schluss ist man ganz außer Puste und kann nicht mehr. Und die Straße liegt immer noch vor einem. So darf man es nicht machen. Man darf nie an die ganze Straße auf einmal denken, verstehst

du? Man muss immer nur an den nächsten Schritt denken, an den nächsten Atemzug, an den nächsten Besenstrich. Dann macht es Freude; Das ist wichtig, dann macht man seine Sache gut. Und so soll es sein. Auf einmal merkt man, dass man Schritt für Schritt die ganze Straße gemacht hat. Man hat gar nicht gemerkt wie, und man ist nicht außer Puste. Das ist wichtig.«

Alltags-Tipp
Erklimme den Berg

Wenn sich Probleme wie ein unglaublich hoher Berg anfühlen, versuche einmal, genau hinzusehen, welche Wege den Berg hinaufführen. Vielleicht gibt es einen kurzen, aber sehr steilen und gefährlichen Weg. Und einen längeren, der aber viel sicherer und gemütlicher ist. Überlege dir einmal, welchen Weg du lieber gehen möchtest, denn auch mit dem langsameren Weg kommst du ans Ziel. Es spricht nichts dagegen, sich für diesen Weg zu entscheiden. Blicke einfach immer auf deinen nächsten Schritt, statt auf die Bergspitze in weiter Ferne, und du wirst es am Ende bis ganz hinauf schaffen.

Lektion 17:

Musst du oder willst du?

»Im Leben geht es nicht darum,
möglichst viel zu schaffen,
sondern möglichst glücklich zu sein.«

MEINE EHEMALIGE THERAPEUTIN

Ich kann mich noch gut erinnern, wie ich 2016 bei meiner Therapeutin saß und mich bei ihr beklagte: »Ich mache doch jetzt schon alles, damit meine Angstzustände besser werden. Ich tue die Dinge, vor denen ich Angst habe. Ich vermeide sie nicht. Aber ich fühle mich danach nicht besser. Ich bin nicht stolz und auch nicht zufriedener, wenn ich wieder etwas geschafft habe. Und ich habe auch nicht weniger Angst, ganz im Gegenteil!«

Dann sagte sie etwas, das ich bis heute nicht vergessen habe, und zwar: »Es geht doch im Leben nicht darum, möglichst viel zu schaffen, sondern es geht darum, möglichst glücklich zu sein. Es geht darum, sich zu fragen, was man denn wirklich tun *will*, und nicht, was man tun *muss*.«

Dann fiel es mir wie Schuppen von den Augen: Vielleicht habe ich ja gerade deswegen Angstzustände, weil ich ständig Dinge tue, die ich gar nicht tun will. Deshalb gebe ich den Teilnehmern meiner Kurse und Workshops auch immer mit: Das Erste, was ihr euch fragen solltet, wenn ihr Angst vor einer Sache habt, ist: Will ich diese Sache gerade *wirklich* tun? Oder denke ich nur, dass ich sie tun *muss*? Vielleicht, um anderen Menschen einen Gefallen zu tun?

Dieser kleine, aber feine Unterschied ist so unglaublich wichtig. Denn die Motivation, wenn ich etwas wirklich will, ist eine ganz andere, weil es mir dann leichter fällt, die Dinge oft trotz Angst zu tun. Und dann fühle ich mich im Nachhinein auch besser und bin stolz. Wenn ich mich jedoch dazu zwinge, Dinge zu tun, die ich eigentlich gar nicht tun will, dann bleibt mir meine Angst erhalten, denn dann fungiert sie als wichtiges Zeichen und will mir sagen: Schau (und fühle!) hier bitte mal genauer hin!

Muss ich oder will ich?

Wenn du Lust hast, dann mach dir eine Liste mit Dingen, die du in deinem Leben ungern tust und von denen du denkst, dass du sie tun musst. Wäge dann im zweiten Schritt jeden Punkt ab, ob du diesen wirklich tun musst, oder ob es nicht vielleicht eine andere Lösung gäbe. Werde bei den möglichen Lösungen ruhig kreativ. Dein Ziel ist es, dass am Ende so wenige Dinge wie möglich auf deiner »Müssen-Liste« stehen.

Aber wie finde ich denn nun heraus, was ich wirklich will? Indem du dich mit dir selbst und mit deiner inneren Weisheit verbindest. Eine wunderschöne Art und Weise, seine innere Stimme anzuzapfen, beschreibt Glennon Doyle in ihrem Buch »Ungezähmt«. Es begann damit, dass eine Freundin Doyle eine Karte schenkte, auf der der Spruch »Sei still und wisse« stand. Und diesen Spruch setzte Glennon Doyle dann so für sich um: Sie begab sich täglich zehn Minuten lang in ihren Kleiderschrank und setzte sich dort hin. Und dort wurde sie still, und sie tat währenddessen nichts anderes, als ihren Gedanken zu lauschen. Am Anfang fühlte sie sich furchtbar und konnte kaum still sitzen. Aber sie hielt es durch. Und mit der Zeit fiel es ihr immer leichter. Irgendwann fing sie an, die Zeit zu genießen, denn sie hatte dadurch ein großes Geschenk bekommen: Sie lernte, sich in sich selbst zurückzuziehen. Denn genau dort, in uns selbst, liegt unsere Intuition, unsere »innere Weisheit« oder unser »inneres Wissen«.

Natürlich musst du dich nicht in deinen Schrank setzen. Aber was man von diesem Vorgehen lernen kann, ist ja vor allem eines: Wenn wir damit anfangen, uns selbst zuzuhören und Zeit mit uns zu verbringen, ganz in der

Stille und ohne Ablenkung, finden wir erstaunlich oft Lösungen für unsere Probleme. Denn Stille ist nicht leer, sie ist voller Antworten. Es kostet etwas Übung, aber irgendwann gelingt es uns so immer besser, unsere eigenen Wünsche wahrzunehmen.

Alltags-Tipp
Dein Werte-Alphabet

Um herauszufinden, welche Dinge dir in deinem Leben wichtig sind, kann das Definieren der eigenen Werte sinnvoll sein. Denn nur wenn du deine Werte kennst, dann kannst du auch ein sinnerfülltes, stimmiges und glückliches Leben führen. Wenn du möchtest, suche dir aus meinem Werte-Alphabet gern fünf Werte aus, die dich besonders ansprechen. Du kannst dir nun zukünftig immer überlegen, ob die Entscheidung, die du gerade treffen willst, mit deinen Werten übereinstimmt. Und was du tun kannst, um diese Werte in dein Leben zu integrieren.

Mein Werte-Alphabet

A

Abenteuerlust, Abwechslung, Achtsamkeit, Aktivität, Altruismus, Anerkennung, Andersartigkeit, Ansehen, Anstand, Ästhetik, Aufgeschlossenheit, Aufrichtigkeit, Ausdrucksfähigkeit, Ausgeglichenheit, Ausgelassenheit, Authentizität

B

Begeisterung, Beharrlichkeit, Beliebtheit, Bescheidenheit, Besonnenheit, Bestätigung, Bewusstheit, Bindung

D

Dankbarkeit, Demut, Direktheit, Diskretion, Disziplin, Durchsetzungsvermögen

E

Ehre, Ehrfurcht, Ehrlichkeit, Empathie, Entscheidungsfreude, Ehrgeiz, Eigenständigkeit, Einfachheit, Einfallsreichtum, Einzigartigkeit, Eleganz, Energie, Enthusiasmus, Entschlossenheit, Entspannung, Erfolg, Erholung

F

Fairness, Familie, Fleiß, Flexibilität, Freiheit, Freizügigkeit, Freude, Freundlichkeit, Frieden, Fröhlichkeit, Furchtlosigkeit, Fürsorglichkeit, Finanzielle Unabhängigkeit, Fitness

G

Geduld, Gelassenheit, Gemütlichkeit, Genauigkeit, Genügsamkeit, Genuss, Gerechtigkeit, Glaube, Glaubwürdigkeit, Großzügigkeit, Gründlichkeit, Geselligkeit, Gastfreundschaft, Gutmütigkeit

H

Harmonie, Hartnäckigkeit, Herausforderung, Herkunft, Herzlichkeit, Hilfsbereitschaft, Hingabe, Hoffnung, Höflichkeit, Humor

I

Idealismus, Innovation, Inspiration, Integrität, Intuition, Intelligenz, Intensität, Intimität

K

Kameradschaft, Klarheit, Klugheit, Komfort, Kontinuität, Kontrolle, Kooperation, Korrektheit, Kreativität

L

Langlebigkeit, Lebendigkeit, Leidenschaft, Leichtigkeit, Liebe, Leistung, Loyalität, Logik

M

Milde, Mitgefühl, Mitwirkung, Motivation, Mut

N

Nachhaltigkeit, Nächstenliebe, Nähe, Neugier, Neutralität

O

Offenheit, Optimismus, Ordnung, Originalität

P

Perfektion, Pflichtgefühl, Phantasie, Präzision, Privatsphäre, Professionalität, Pünktlichkeit

R

Realismus, Reflexion, Reichhaltigkeit, Reife, Reinheit, Resilienz, Respekt, Ruhe, Rücksichtnahme

S

Selbstdisziplin, Selbstvertrauen, Sexualität, Sicherheit, Sinnlichkeit, Solidarität, Spaß, Spiritualität, Spontaneität, Stabilität

T

Tapferkeit, Tatkraft, Teamgeist, Tiefe, Toleranz, Traditionalismus, Transparenz, Treue, Tüchtigkeit

U

Unabhängigkeit, Unerschrockenheit, Unterstützung

V

Verlässlichkeit, Vertrauen, Verbindung, Vergnügen, Vermögen, Vernunft, Verständnis, Vertrauen, Vitalität

W

Wachsamkeit, Wachstum, Wahrheit, Wahrhaftigkeit, Weisheit, Weitsicht, Widerstandsfähigkeit, Würde

Z

Zielstrebigkeit, Zufriedenheit, Zugehörigkeit, Zuverlässigkeit, Zuversicht

Lektion 18:

Sei immer dort, wo deine Füße sind

»Der Schlüssel zum Glück steckt von innen.«

Wenn es uns nicht gut geht, wenn wir unglücklich und gestresst sind, suchen wir die Antwort oft im Außen. Wir behandeln Symptome, obwohl wir eigentlich an die Ursache heranmüssten. Die Ursache liegt so gut wie immer in uns selbst, denn wie sagt man so schön: Der Schlüssel zum Glück steckt von innen.

Das Wort Achtsamkeit oder auf Englisch »Mindfulness« ist mir das erste Mal bewusst während meines Burnouts begegnet. Davor habe ich mich, wie wohl die meisten Menschen, überhaupt nicht damit auseinandergesetzt.

Innehalten, bewusst im jetzigen Moment leben, sich auch mal Zeit zum Atmen und Nichtstun zu nehmen – das kam in meinem Alltag so gut wie gar nicht vor. Denn wenn ich morgens aufgewacht bin, war ich gedanklich bereits beim Weg in die Arbeit und meinen ganzen To-dos. Während der Arbeit dachte ich dann über das Abendessen nach, beim Abendessen war ich mit meinen Gedanken schon beim Abwasch, und wenn ich dann abends im Bett lag, grübelte ich über alles nach, was an diesem Tag falsch gelaufen war. Das ist so ziemlich das Gegenteil von Achtsamkeit und der Grund, warum unser Leben sich oft so stressig anfühlt. Stress zu haben bedeutet, vereinfacht gesagt: Du bist gerade *hier*, willst aber *dort* sein.

Aber warum wollen wir eigentlich immer woanders sein als da, wo wir gerade sind? Ich denke, das hängt damit zusammen, dass wir unseren Wert als Mensch oft danach bemessen, wie viel wir tun und wie viel wir schaffen. Was wir dabei vergessen, ist aber: Der Wert eines Menschen ist immer da. Unantastbar und unangreifbar. Wir müssen für diesen Wert nichts tun. Wir sind bereits wertvoll, einfach weil wir sind. Wenn wir das einmal wirklich verinnerlichen, fällt viel von diesem selbst gemachten Stress von uns ab. Denn wir müssen niemandem mehr etwas beweisen. Samuel Koch hat es einmal in einem Blogbeitrag so schön formuliert, in dem er schrieb, dass die allermeisten Leute nach dem Prinzip leben: Tun – Haben – Sein. Das heißt, sie tun etwas, wie zur Schule gehen, studieren oder arbeiten, und daraufhin haben sie etwas, wie Geld, einen Abschluss oder Ansehen. Er aber habe die Erfahrung gemacht, dass er glücklicher ist, wenn er diese Reihenfolge umdreht und zwar in: Sein – Haben – Tun. Denn laut Samuel sind wir schon wertvoll, einfach weil es uns gibt. Wir »sind« einfach. Das reiche, um liebenswert zu sein. Vielleicht hieße es deshalb im Englischen auch »human being« und nicht »human doing«.

Dieser Text und das Beispiel mit dem Human Being haben mir gefallen. Ich denke oft daran, wenn ich merke, dass ich mich mal wieder selbst unter Druck setze.

Achtsam spielen

Die fehlende Achtsamkeit schadet nicht nur uns selbst, sondern auch unseren Kindern. Sie ist meiner Meinung nach mit ein Grund, warum viele Eltern so gestresst sind. Richtig intensiv und konzentriert mit Kindern zu spielen, ist tatsächlich genauso wie das Malen fast meditativ. Das gelingt uns nur so selten, weil wir ja so gut wie nie 100 Prozent achtsam mit unseren Kindern spielen. Wir sind ja meistens mit unserer Gedanken währenddessen ganz woanders, und dann wird es stressig. Denn dann denken wir meist darüber nach, was wir noch alles erledigen müssen, was es zum Abendessen gibt oder was am nächsten Tag so ansteht. Ich nehme mich hier natürlich selbst nicht aus, denn mir geht es mit meinem dreijährigen Sohn oft ganz genauso.

Es macht schließlich jeder so, und ständig im Stress zu sein ist ja fast so etwas wie »in« geworden. Ich denke, Achtsamkeit sollte deshalb am besten schon als Schulfach gelernt werden. Ich bin mir sicher, so könnte in Zukunft viel selbst gemachtes Leid vermieden werden.

Aber was heißt Achtsamkeit jetzt noch mal genau? Achtsamkeit ist das bewusste Wahrnehmen (und Genießen) des Moments. Präsent sein. Ohne über die Vergangenheit nachzudenken oder sich vor der Zukunft zu ängstigen. Und das ist leichter gesagt als getan. Vor allem, wenn man das noch nie gemacht hat.

Auch Nichtstun ist wichtig

Und genauso ging es mir 2016. Bewusstes Im-Moment-Leben kannte ich nicht und war mir absolut fremd. Auch mal nichts zu tun war neu für mich. Heute weiß ich, dieses Nichtstun ist nicht etwa »nichts«, sondern das Produktivste, was ich manchmal tun kann. Meine besten Ideen sind immer aus der Stille und der »Langeweile« entstanden.

Als Kind und auch mein halbes Leben als Erwachsene habe ich diese Langeweile gehasst. Es war immer etwas, was, so gut es ging, vermieden werden musste. Wenn keiner meiner Freunde Zeit hatte, bin ich damals zu Hause schier wahnsinnig geworden. Mich mit mir selbst zu beschäftigen, war etwas, das ich lange Zeit nicht konnte, weil ich es auch nicht gelernt hatte.

Langeweile ist aber unglaublich wichtig – und zwar nicht nur für Erwachsene, sondern gerade für Kinder. Erziehungsexperten sind sich mittlerweile einig, dass ein gewisses Maß an Langeweile gut für die Entwicklung eines Kindes ist. Die wahren Talente, Stärken und Leidenschaften eines Kindes kommen oft erst dann zum Vorschein, wenn es aktiv nach Möglichkeiten sucht, sich seine Zeit zu vertreiben. Wir sollten daher nicht immer sofort eingreifen, wenn wir von Kindern hören »Mir ist so langweilig!«. Glaub mir, ich höre das von meinem dreijährigen Sohn ziemlich oft. Auch ich muss mich dann regelmäßig daran erinnern, ihm zu sagen: »Ist doch schön, überleg dir mal, was du tun möchtest«, anstatt ihm vorzuschlagen, was er machen könnte. Dann fängt er tatsächlich an zu überlegen und kommt dann meist zu mir und sagt etwas wie: »Mama, ich brauche einen Tesafilm, Papier und eine Schnur ...« – und dann wird er kreativ.

Atmen hilft immer

Was können wir noch tun, um achtsamer zu sein und den Alltagsstress loszulassen? Ganz vorn mit dabei ist auf jeden Fall das bewusste Atmen. Es ist so einfach, und trotzdem unterschätzen wir es so oft. Dabei kann uns unser eigener Atem unglaublich helfen, uns wieder zu beruhigen und in der Gegenwart anzukommen. Das ist von unschätzbarem Wert, denn wir haben unseren Atem immer dabei, und er gehört uns. Das heißt, wir können selbst aktiv etwas tun und feststellen: Wir brauchen niemand anderen, der uns gut zuredet, der uns Mut macht und sagt, dass alles wieder gut wird. Wir können das auch ganz gut selbst. Ein paar wirksame Atemübungen findest du im Anhang dieses Buches.

Sogenannte Breathwork-Kurse sind ja derzeit genau deshalb so stark im Kommen, weil viele Menschen mittlerweile festgestellt haben, welche Kraft in unserem

Atem steckt. Bei der Geburt meines Sohnes 2019 ist das Atmen das Einzige gewesen, das mir wirklich geholfen hat. Ich glaube, das geht den meisten Frauen so. Und die mentale Kraft und Stärke. Während der Geburt meines Sohnes durfte ich nämlich mal wieder feststellen, was die eigenen Gedanken und das Mindset ausmachen. Genau darum geht es auch im nächsten Kapitel.

Die Stille und Ruhe, die mit gelebter Achtsamkeit in deinen Körper einziehen, sind unbezahlbar. Deshalb lohnt es sich, am Ball zu bleiben und Achtsamkeit immer wieder zu üben. Wenn du magst, baue dafür gern die folgenden Übungen regelmäßig in deinen Alltag ein.

Alltags-Tipp
Übung »5 Sinne«

Diese Übung ist perfekt, um zu mehr innerer Ruhe zu finden und sich zu erden. Setze dich dafür am besten an einen ruhigen Ort. Atme ein paar Sekunden tief ein und aus. Frage dich nun:

1. Was höre ich?
2. Was sehe ich?
3. Was rieche ich?
4. Was schmecke ich?
5. Was fühle ich?

Mit diesen 5 Fragen kann es dir sehr einfach gelingen, ganz im Moment anzukommen. Und ihn wirklich bewusst zu bemerken und zu genießen. Mach die Übung gern mehrmals am Tag, und lass sie auf dich wirken.

Alltags-Tipp

Nimm deinen Körper und deine Gefühle wahr

Lege oder setze dich an einen ruhigen Ort, und nimm wahr, wie sich dein Körper anfühlt. Spüre die Kleidung, die du trägst, und den Boden unter deinem Körper beziehungsweise deinen Füßen. Wie fühlen sich deine Schultern an? Angespannt oder locker? Und wie fühlt sich dein Kopf oder Kiefer an? Ist dir warm oder kalt? Hast du gerade Schmerzen oder fühlst du dich wohl?

Nun wenden wir uns den Gefühlen zu. Spüre einmal in dich hinein: Wie geht es dir gerade wirklich? Alle Gefühle sind wichtig, und alle Gefühle dürfen da sein. Versuche, die Gefühle zu erkennen und zu benennen, bewerte sie aber so wenig wie möglich. Gern kannst du dir deine Erkenntnisse auch in ein Journal notieren. Mit dieser Übung bekommst du eine gute Möglichkeit, dich selbst besser kennenzulernen und dir selbst nahe zu kommen.

Lektion 19:

Die Kraft der Dankbarkeit

»Nicht die Glücklichen sind dankbar.
Es sind die Dankbaren,
die glücklich sind.«

FRANCIS BACON, ENGLISCHER PHILOSOPH

Dankbarkeit ist eines der stärksten und machtvollsten Gefühle, die es gibt. Wenn wir Dankbarkeit empfinden, wird so fast jedes andere Gefühl außer Kraft gesetzt. Denn wir können nicht gleichzeitig dankbar und wütend oder dankbar und unzufrieden sein.

Dankbarkeit stimmt uns aber nicht nur optimistischer, sondern sie ist auch gut für unsere Gesundheit. In einer Studie des Dankbarkeitsforschers Robert Emmons führten drei Gruppen über zehn Wochen ein Tagebuch. Die erste Gruppe notierte Dinge, für die sie dankbar war, die zweite Gruppe konzentrierte sich auf die schlechten Dinge der letzten Woche, und die dritte Gruppe sollte neutral über die Erlebnisse reflektieren. Das Ergebnis: Diejenigen, die das Dankbarkeitstagebuch geführt hatten, wiesen bei der abschließenden psychologischen Befragung weniger Kopfschmerzen sowie Muskelverspannungen auf und schliefen besser.

Dankbarkeit lohnt sich also auch dann, wenn man etwas für die körperliche Gesundheit tun will, denn wie in Lektion 12 bereits besprochen, hängen unsere mentale und unsere körperliche Gesundheit eng zusammen.

Leider gehen wir unglaublich oft nicht gerade dankbar, sondern eher mit »negativen« Gefühlen – unzufrieden und gestresst – durchs Leben. Wir blenden die vielen positiven Dinge aus und konzentrieren uns nur auf das, was uns fehlt, anstatt auf das, was wir haben. Wenn wir uns aber bewusst auf die positiven Aspekte unseres Lebens konzentrieren, auf die Dinge, für die wir dankbar sind, verbessert sich unsere Stimmung sofort.

Um zu verdeutlichen, welchen Unterschied ein solcher Perspektivwechsel macht, erzähle ich in meinen Workshops oft die Geschichte von der Backsteinmauer aus dem Buch »Die Kuh, die weinte« von dem buddhistischen Mönch Ajahn Brahm.

In der Geschichte geht es um eine Backsteinmauer, die Ajahn Brahm erbaute und in der er zwei Steine trotz seines genauen Arbeitens versehentlich falsch platzierte. Zuerst machte er sich unglaubliche Vorwürfe und wollte die Mauer abreißen und noch einmal ganz von Neuem aufbauen. Sein Abt allerdings meinte dazu nur: »Die Mauer bleibt so stehen, wie sie ist.« Daraus lernte Brahm, dass es nun zwei Möglichkeiten gab, mit dieser Situation umzugehen:

1. *Man konzentriert sich ausschließlich auf die zwei falsch platzierten Steine. Man ärgert sich so sehr darüber, dass man das gesamte Bild der Mauer nicht mehr sehen kann. Man erklärt deshalb die ganze Mauer für unzulänglich und hat jedes Mal, wenn man daran vorbeigeht ein schlechtes Gefühl und schämt sich.*
2. *Man richtet den Blick auf die 998 (!) richtig platzierten Steine, die die Anzahl der schlecht platzierten bei Weitem übersteigt. Und wenn man ganz genau hinsieht, kann man vielleicht sogar an den zwei falschen Steinen etwas Gutes entdecken: Sie machen die Mauer nämlich zu etwas ganz Besonderem – und so kann man die Mauer von allen anderen unterscheiden.*

Viele Menschen fühlen sich minderwertig, haben wenig Selbstbewusstsein und/oder beenden eine Beziehung, weil sie in sich selbst oder dem anderen nichts weiter als die zwei mangelhaften Steine erkennen. In Wahrheit gibt es aber viel mehr perfekte und schöne Steine, die wir jedoch nicht sehen können, da wir uns die ganze Zeit nur auf die zwei mangelhaften konzentrieren. Wenn wir lernen, das große Ganze zu betrachten, werden wir sehen, dass unsere »Unzulänglichkeiten«, unsere sogenannten Schwächen nur einen minimalen Teil unserer Persönlichkeit ausmachen. Und dass uns am Ende genau diese Schwächen zu dem einzigartigen Menschen machen, der wir sind. Es ist also im Leben immer alles eine Frage der Perspektive.

Wie ist das bei dir? Gehörst du zu den dankbaren Menschen, die häufig mit einem Grinsen durch den Alltag laufen? Oder möchtest du etwas mehr Dankbarkeit in dein Leben bringen? Kein Problem, denn Dankbarkeit kann man üben. Das macht man am besten, indem man sie jeden Tag in den Alltag integriert. Vielleicht hast du ja Lust, an einer kleinen Challenge teilzunehmen? Du kannst somit am eigenen Leib erfahren, wie die Dankbarkeits-Praxis auch dein Leben verändern kann. Notiere dir dafür einfach 30 Tage lang jeden Tag etwas, für das du dankbar bist. Ich habe dir dafür hier 30 Fragen zusammengefasst.

Eine Dankbarkeits-Meditation findest du übrigens im Anhang.

Alltags-Tipp
Praktiziere drei Minuten Dankbarkeit

Wenn du möchtest kannst du zusätzlich oder statt der Challenge auch eine andere Übung machen: Stelle dafür deinen Handy-Timer auf drei Minuten, und notiere in dieser Zeit alles, wofür du in deinem Leben gerade dankbar bist. Am Anfang wird dir vielleicht noch nicht so viel einfallen, aber je länger du nachdenkst, desto mehr wird auf deinem Zettel landen, versprochen! Und am Ende werden die Dinge nur so aus dir heraussprudeln.

30 Fragen an 30 Tagen

Tag 1: Für welchen Duft bist du heute dankbar?
Tag 2: Für welches Möbelstück bist du dankbar?
Tag 3: Für welches Essen bist du dankbar?
Tag 4: Für welche Fähigkeit bist du dankbar?
Tag 5: Für welches Lied bist du dankbar?
Tag 6: Für welches Buch bist du dankbar?
Tag 7: Für welchen Film bist du dankbar?
Tag 8: Für welchen Ort bist du dankbar?
Tag 9: Für welchen Geschmack bist du dankbar?
Tag 10: Für welchen Urlaub bist du dankbar?
Tag 11: Für welche Erinnerung bist du dankbar?
Tag 12: Wofür in der Natur bist du dankbar?
Tag 13: Für welche Jahreszeit bist du dankbar?
Tag 14: Wofür an deinem Körper bist du dankbar?
Tag 15: Für welches Kunstwerk bist du dankbar?
Tag 16: Für welchen Freund bist du dankbar?
Tag 17: Für welches Familienmitglied bist du dankbar?
Tag 18: Für welche Herausforderung bist du dankbar?
Tag 19: Für welchen Alltagsgegenstand bist du dankbar?
Tag 20: Für welches Talent bist du dankbar?
Tag 21: Für welche Begegnung bist du dankbar?
Tag 22: Für welche Geschichte bist du dankbar?

Tag 23: Für welches Ereignis bist du dankbar?
Tag 24: Für welche Berührung bist du dankbar?
Tag 25: Für welche Gedanken bist du dankbar?
Tag 26: Für welche Erlebnisse bist du dankbar?
Tag 27: Für welches Geschenk bist du dankbar?
Tag 28: Für welche Erfahrung bist du dankbar?
Tag 29: Für welchen Menschen bist du dankbar?
Tag 30: Für welche Eigenschaften an dir bist du dankbar?

Lektion 20:

Sei nicht so hart zu dir selbst

»Manchmal ist der schlimmste Ort,
an dem du sein kannst,
dein eigener Kopf.«

Ich glaube, es gibt wenig Menschen, die so etwas wie Selbstzweifel nicht kennen. Ab und zu mal mit sich selbst zu hadern ist also völlig normal und auch kein großes Problem. Es wird aber zum Problem, wenn wir öfter negativ mit uns selbst sprechen als positiv und wenn wir stark unter diesen Selbstzweifeln und negativen Gedanken über uns selbst leiden.

Ich habe mich jahrzehntelang ziemlich fertiggemacht. Wie hart ich zu mir selbst war, habe ich eigentlich erst gemerkt, als ich angefangen habe, meine Gedanken aufzuschreiben und zu hinterfragen. Du glaubst nicht, was ich mir selbst alles an den Kopf geworfen habe. Mein Kopf war definitiv lange Zeit der schlimmste Ort, an dem ich sein konnte. Ich habe mir selbst mit meinen eigenen Gedanken das Leben zur Hölle gemacht.

Unglaublich viel von dem Leid, das wir spüren, ist also hausgemacht. Es ist ein Unterschied, ob uns ein Schicksalsschlag heimsucht, der uns natürlich erst mal leiden lässt, oder ob wir unser Leid selbst erschaffen, indem wir über Dinge nachdenken und uns Dinge einreden, die nicht der Realität entsprechen und uns obendrein noch unglücklich machen.

Das Sprichwort »Zeig mir deine Freunde, und ich sage dir, wer du bist« gilt nicht nur für unsere Freunde. Es gilt auch für uns selbst. Sei mal ehrlich, bist du dir eine gute Gesellschaft? Ermutigst oder kritisierst du dich eher? Um dir einmal bewusst zu machen, ob du negativ mit dir selbst sprichst und dich selbst unter Druck setzt, ist das »Konzept der inneren Antreiber« interessant. Es kann dir helfen herauszufinden, warum du gestresst bist. Dazu darfst du an die Wurzel des Übels und dir zunächst einmal genau anschauen, was du denkst, wenn du dich gestresst fühlst. Was ist dein erster Gedanke, wenn du gestresst bist? Vielleicht kommen dir ja einige dieser Gedanken bekannt vor?

»Ich muss mich beeilen.«
»Ich muss mich mehr anstrengen.«
»Ich schaffe nicht genug.«
»Ich muss besser werden.«
»Ich bin nicht gut genug.«

Solche und ähnliche Sätze werden im Coaching oft als unsere »inneren Antreiber« bezeichnet, und deren Auswirkungen sind oft eine der Hauptursachen für Stress. Im schlimmsten Fall können diese inneren Antreiber dann in ein Burnout oder Ähnlichem münden. Das »Konzept der inneren Antreiber« geht auf die Transaktionsanalyse von Eric Berne und Thomas Harris zurück. Taibi Kahler entwickelte 1974 auf Basis dieser Transaktionsanalyse das »Modell der inneren Antreiber«. Demnach gibt es hauptsächlich fünf Antreiber des Menschen:

1. Der »Sei stark!«-Antreiber
2. Der »Sei perfekt!«-Antreiber
3. Der »Mach es allen recht!«-Antreiber
4. Der »Beeil dich!«-Antreiber
5. Der »Streng dich an!«-Antreiber

Wenn wir unsere Antreiber genau kennen, können wir sie überprüfen und schauen, ob sie für unser derzeitiges Leben noch passen. Der erste Schritt ist deshalb immer: Erst einmal genau hinsehen und wahrnehmen, was wir eigentlich so denken und was uns so unter Stress setzt und uns immer weiter antreibt. In den meisten Fällen führen unsere inneren Antreiber nicht zum Erfolg. Sie machen uns nur unglücklich und unzufrieden. Die inneren Antreiber sind extrem stark übertrieben und können in der Realität deshalb auch nicht befolgt werden. Wenn du dich jedoch bewusst und ehrlich mit den eigenen Antreibern auseinandersetzt, kannst du die alten Dynamiken Schritt für Schritt hinter dir lassen. Du bemerkst beispielsweise bewusst, welcher Antreiber gerade am Werk ist, und kannst dich frei entscheiden, ihm zu folgen oder nicht. Und nicht wie bisher völlig unbewusst und automatisch in die alten Stressmuster fallen.

Frage dich einmal ganz bewusst, was du denkst, wenn du unter Stress stehst? Welche Denkmuster lösen Stress in dir aus? Welcher der fünf Antreiber trifft auf dich zu? (Es können auch mehrere Antreiber sein.)

Einen von mir erstellten Antreiber-Test findest du im Anhang. So kannst du herausfinden, welcher Antreiber bei dir vor allem am Werk ist.

Wenn einen schon lange Selbstzweifel plagen oder man mitten in einer Depression steckt, ist es natürlich schwer, diese Antreiber und die negativen Selbstgespräche sein zu lassen und sich von heute auf morgen selbst der beste Freund zu sein. Was mir sehr geholfen hat, meinen inneren, negativen Dialog Schritt für Schritt ein bisschen positiver zu gestalten, war das kleine Wort »genug«. Mit großer Wirkung.

Oft wird uns ja empfohlen, unser negatives Denken in positives umzudrehen, also beispielsweise statt »Ich schaffe das nicht« einfach mal »Ich schaffe das« zu denken. So einfach ist das natürlich in der Realität nicht, denn alles immer nur durch die rosarote Brille zu sehen, ist nicht unbedingt der beste Tipp. Und ich muss auch ehrlich sagen, dass ich den Satz »Ich schaffe das« in meiner dunkelsten Zeit mir selbst einfach nicht abgenommen hätte. Es wäre mir so vorgekommen, als würde ich mich selbst belügen, und es hätte sich einfach falsch angefühlt. Deshalb finde ich es immer sinnvoll, neue Gedanken zu wählen, die sich wirklich gut und stimmig anfühlen und die wir auch tatsächlich glauben können. Hier haben mir zwei Worte besonders geholfen. Und zwar waren das die Worte *genug* und *noch*. Es sind nur winzig kleine Wörter, die jedoch einen gewaltigen Unterschied machen.

Ich schaffe *genug*!

Ich habe also damals erst einmal einen neuen Gedanken gewählt, mit dem ich mich besser gefühlt habe, und der lautete: »Ich schaffe *genug*!« Das Wörtchen *genug* war eine unglaubliche Erleichterung für mich. Es ist genug. Es muss nicht mehr sein. Genug ist genug und total okay. Das Tolle ist, man kann das Wort so gut wie in jeden Satz einbauen:

»Ich bin klug genug!«
»Ich bin hübsch genug!«
»Ich bin erfolgreich genug!«
»Ich kann genug!«
»Ich schaffe genug!«
»Ich *bin* genug!«

Ich kann das *noch* nicht!

Das zweite Wort, das ich in meinen Wortschatz eingebaut habe, war das Wort *noch*. Statt »Ich kann das nicht!« sagte ich nun den Satz »Ich kann das *noch* nicht!«. Und auch hier fühlte sich der neue Satz durch das kleine Wörtchen *noch* gleich viel besser an. Im Anhang wartet noch ein mutmachendes, positives Selbstgespräch auf dich, das du für dich selbst anpassen kannst.

Vielleicht kennst du das Gedicht von Charlie Chaplin zum Thema Selbstliebe ja bereits, mich persönlich macht es immer wieder glücklich, wenn ich es lese. Deshalb möchte ich es dir gern an dieser Stelle weitergeben. Hol dir einen Tee, zünde dir eine Kerze an, und lass die Worte auf der nächsten Seite auf dich wirken.

Alltags-Tipp

Baue die Wörter »genug« und »noch« in deinen Wortschatz ein

Vielleicht hast du ja Lust, die Wörtchen *genug* und *noch* ab sofort immer wieder in deine Sprache einzubauen. Wenn dich das nächste Mal ein negativer Gedanke heimsucht, wie etwa »Ich schaffe das nicht« oder »Ich kann das nicht«, probiere es dann einfach mal mit neuen Gedanken wie »Ich schaffe *genug*!« und »Ich kann das *noch* nicht!«. Vielleicht helfen dir diese kleinen Wörter in Zukunft ja auch dabei, etwas liebevoller zu dir selbst zu sein.

Als ich mich selbst zu lieben begann

Als ich mich selbst zu lieben begann, habe ich verstanden, dass ich immer und bei jeder Gelegenheit, zur richtigen Zeit am richtigen Ort bin und dass alles, was geschieht, richtig ist. Von da an konnte ich ruhig sein. Heute weiß ich: Das nennt man ***Vertrauen.***

Als ich mich selbst zu lieben begann, konnte ich erkennen, dass emotionaler Schmerz und Leid nur Warnungen für mich sind, gegen meine eigene Wahrheit zu leben. Heute weiß ich: Das nennt man ***authentisch sein.***

Als ich mich selbst zu lieben begann, habe ich aufgehört, mich nach einem anderen Leben zu sehnen, und konnte sehen, dass alles um mich herum eine Aufforderung zum Wachsen war. Heute weiß ich, das nennt man ***Reife.***

Als ich mich selbst zu lieben begann, habe ich aufgehört, mich meiner freien Zeit zu berauben, und ich habe aufgehört, weiter grandiose Projekte für die Zukunft zu entwerfen. Heute mache ich nur das, was mir Spaß und Freude macht, was ich liebe und was mein Herz zum Lachen bringt, auf meine eigene Art und Weise und in meinem Tempo. Heute weiß ich, das nennt man ***Ehrlichkeit.***

Als ich mich selbst zu lieben begann, habe ich mich von allem befreit, was nicht gesund für mich war, von

Speisen, Menschen, Dingen, Situationen und von allem, das mich immer wieder hinunterzog, weg von mir selbst. Anfangs nannte ich das gesunden Egoismus, aber heute weiß ich, das ist ***Selbstliebe.***

Als ich mich selbst zu lieben begann, habe ich aufgehört, immer recht haben zu wollen, so habe ich mich weniger geirrt. Heute habe ich erkannt, das nennt man ***Demut.***

Als ich mich selbst zu lieben begann, habe ich mich geweigert, weiter in der Vergangenheit zu leben und mich um meine Zukunft zu sorgen. Jetzt lebe ich nur noch in diesem Augenblick, wo *alles* stattfindet, so lebe ich heute jeden Tag und nenne es ***Bewusstheit.***

Als ich mich zu lieben begann, da erkannte ich, dass mich mein Denken armselig und krank machen kann. Als ich jedoch meine Herzenskräfte anforderte, bekam der Verstand einen wichtigen Partner. Diese Verbindung nenne ich heute ***Herzensweisheit.***

Wir brauchen uns nicht weiter vor Auseinandersetzungen, Konflikten und Problemen mit uns selbst und anderen zu fürchten, denn sogar Sterne knallen manchmal aufeinander, und es entstehen neue Welten. Heute weiß ich: ***Das ist das Leben!***

Lektion 21:
Lass los

»Lerne loszulassen,
denn das ist der Schlüssel zum Glück.«

BUDDHA

Wenn man es genau nimmt, ist das ganze Leben ein einziges Loslassen. Eine buddhistische Weisheit besagt: »Wir werden geboren, um zu sterben. Wir besitzen Dinge, um sie zu verlieren. Wir begegnen Menschen, um sie zu verlassen«.

Wir Menschen sind jedoch verdammt schlecht im Loslassen. Wir häufen unser ganzes Leben lang unglaubliche viele materielle Dinge an, definieren uns oft durch unseren Besitz und kaufen uns damit immer mehr und noch mehr. Den Gedanken, dass all dies am Ende unseres Lebens sowieso nichts zählt, schieben wir weit weg.

Auch ich war immer schlecht im Loslassen. Und auch heute fällt es mir noch manchmal schwer. Aber ich habe in den letzten 41 Jahren meines Lebens zumindest einiges verstanden: Wer nicht loslassen kann, der möchte immer die Kontrolle behalten, ist ständig auf der Hut vor der nächsten Gefahr und der nächsten Katastrophe. Der steht ständig unter Stress. Wer nicht loslassen kann, der kann auch nicht vertrauen. Vertrauen, dass alles am Ende genau so passiert, wie es passieren soll. Dass es am Ende irgendwie Sinn machen wird. Wer nicht loslassen kann, vor allem die eigenen Sorgen und Probleme, der schläft oft auch schlecht.

Und so war das erste Anzeichen meines Burnouts 2016 ein verdammt schlechter Schlaf. Dabei habe ich mein Leben lang super geschlafen. Schlafprobleme kannte ich in meiner Kinder-, Jugend- und jungen Erwachsenenzeit absolut nicht. In der Oberstufe des Gymnasiums wurde ich sogar oft von meinen Mitschülern belächelt, weil ich unter der Woche (freiwillig!) immer spätestens um 23 Uhr im Bett sein wollte. Ich habe Schlafen geliebt und so gut wie jede Nacht durchgeschlafen.

Es fing bereits 2013 an, dass ich immer öfter nachts aufgewacht bin und plötzlich Angst und Unruhe verspürt habe. Dabei habe ich mir aber nicht wirklich viel gedacht, und es ging ja auch immer wieder weg.

Doch je öfter ich wach wurde, desto mehr belastete mich das Ganze, und desto mehr wurde mein Schlaf ein Thema für mich, über das ich plötzlich auch tagsüber nachgedacht habe. Gedanken wie »Was ist, wenn ich heute Nacht wieder nicht schlafen kann?« schossen mir immer öfter durch den Kopf. Statt mir zu überlegen, warum ich eigentlich nicht schlafen kann, habe ich immer versucht, das Symptom – also die Schlaflosigkeit – zu behandeln. Was mir damals nicht klar war: Es geht aber viel mehr darum, Belastendes loszulassen – vor allem am Abend. Alles, was wir tagsüber nicht richtig verarbeiten, verfolgt uns nachts in den Schlaf. Dann habe ich angefangen, kurz vor dem Zubettgehen die Dinge zu notieren, die mich belastet haben.

Vielleicht ist das auch ein kleiner Tipp für dich, wenn du öfter nachts nicht schlafen kannst: Leg dir ein Notizbuch auf deinen Nachttisch, in das du die Dinge notierst, die dir durch den Kopf gehen. Du kannst dich am nächsten Morgen dann darum kümmern und musst nicht nachts im Bett nach einer Lösung suchen.

Meine Therapeutin hatte mir damals auch den sogenannten »Sorgenstuhl« empfohlen. Dabei setzt man sich einmal pro Tag 15 Minuten an einen Ort und notiert all seine Probleme und Ängste. Und danach wendet man sich wieder dem normalen Alltag zu. Das kann dabei helfen, sich nicht stundenlang in Grübeleien wiederzufinden.

Ich bin ein großer Fan von solchen kleinen Ritualen. Weil sie uns so gut dabei helfen können, Stress und

Sorgen loszulassen. Ich habe während meines Burnouts das tägliche Tagebuchschreiben und den obengenannten Sorgenstuhl zu meinen Ritualen gemacht. Mit dem Schreiben können wir Dinge gut verarbeiten und loslassen. Wir bringen Worte aus dem Kopf zu Papier und machen uns damit frei. Ich habe während meines Burnouts bestimmt drei Notizbücher vollgeschrieben. Ich habe mir darin selbst gut zugeredet und viel reflektiert. Mir selbst Mut gemacht. Eine Fähigkeit, die man im Übrigen sein ganzes Leben lang gut gebrauchen kann, wenn man sie einmal »gelernt« hat.

Wenn auch du Probleme mit dem Loslassen hast und ein paar Tipps benötigst, wie du Sorgen und Ängste leichter abstellen kannst, helfen dir vielleicht die folgenden kleinen Übungen. Ich habe zwei Übungen ausgewählt, die ich damals gern gemacht habe, wenn ich das Gefühl hatte, dass mich meine Ängste überrollen. Suche dir einfach die Übung aus, die dir am meisten zusagt.

Alltags-Tipp
Imaginations-Übungen

Vorbeifahrender Zug

Bei dieser Übung stellst du dir bildlich vor, wie du an einem Bahnhof stehst. Es herrscht reges Treiben, und überall stehen Menschen mit Koffern in der Hand. Auch du hast einen Wagen mit einigen schweren Koffern dabei, den du vor dir herschiebst. Stelle dir nun vor, in diesen Koffern sind alle deine Sorgen, Ängste und Probleme. Du siehst nun auf einem Gleis des Bahnhofs einen Zug einfahren und läufst mit deinem Wagen auf diesen Zug zu. Der Zug hält an, und du trittst an die Tür. Hebe nun nach und nach alle deine schweren Koffer in den Zug. So lange, bis dein Gepäckwagen komplett leer ist. Danach verlässt du den Zug wieder und stellst dich zurück ans Gleis. Stell dir vor, wie die Türen des Zuges sich schließen und der Zug nun langsam vom Gleis rollt. Der Zug wird immer schneller und entfernt sich immer weiter von dir. Er wird immer kleiner, und du siehst ihn fast nicht mehr, bis er irgendwann ganz verschwindet. Deine Probleme sind nun mit dem Zug abgefahren.

Tresor

Bei dieser Übung stellst du dir einen großen, schweren Tresor aus Eisen vor. Der Tresor ist geöffnet und leer, und du hast Platz, um alle deine belastenden Gefühle und Sorgen dort einzuschließen. Du kannst sie vorher in deinen Gedanken auf kleine Zettel schreiben und zusammenfalten und dann in den Tresor legen. Lass dir dafür so lange Zeit, wie du magst, und schreibe dich wirklich komplett leer, indem du jedes Problem notierst. (Du kannst die Probleme natürlich auch tatsächlich notieren und sie dann in einer Kiste verstauen.) Wenn du damit fertig bist, schließe die Tür des Tresors und drehe an dem Zahlenschloss, so lange, bis die Tür fest verschlossen ist. Du hast deine Sorgen nun sicher verstaut und musst nicht mehr darüber nachdenken. Wenn du möchtest, kannst du zu einem anderen Zeitpunkt noch einmal zu deinem Tresor zurückkehren und ihn wieder öffnen und gegebenenfalls neue Sorgen und Probleme hineinschließen.

Lektion 22:

Die zwei besten Gefühle

»Wenn es dich deine innere Ruhe kostet,
dann ist es zu teuer.«

Die zwei besten Gefühle sind für mich heute nicht wie früher etwa Erfolg oder Verliebtsein, sondern innere Ruhe und Zufriedenheit. Wie unglaublich wertvoll innere Ruhe ist, weiß man wirklich erst, wenn sie nicht mehr da ist. Wenn die innere Ruhe und Zufriedenheit fehlen, dann führt man sozusagen einen permanenten Krieg mit sich selbst, welchen man am Ende nur verlieren kann.

Ich bekam in den letzten Jahren oft die Frage gestellt, wie sich eine Depression eigentlich anfühlt. Für mich hat es sich so angefühlt, als wäre ich kurz vorm Platzen. Eine ganz, ganz starke innere Unruhe, die ich in dieser Intensität nicht kannte. Ich habe damals natürlich »innere Unruhe und Depression« gegoogelt und fand schnell heraus, dass es ein ganz klassisches Symptom ist. Für mich war es wirklich ein nahezu unerträgliches Gefühl, an das ich mich auch heute noch sehr gut erinnere. Manche Dinge vergisst man einfach nicht, egal, wie lange sie zurückliegen.

Zu dieser Unruhe hat sich irgendwann auch noch eine Trostlosigkeit und bleierne Schwere dazugesellt. Diese ist unglaublich schwierig zu beschreiben, wenn man es nicht selbst erlebt hat. Man denkt wirklich, man kann diesen Zustand auf keinen Fall lange aushalten. Und damit wurde mir damals auch am eigenen Leib unmissverständlich klar, warum Depressionen so belastend und quälend für Menschen sind. Als diese innere Ruhe dann mit den Monaten wieder Schritt für Schritt zurückkam fühlte ich mich wortwörtlich wie neugeboren.

Das zweitbeste Gefühl ist für mich heute Zufriedenheit, was auch ganz eng mit der inneren Ruhe zusammenhängt. Ich habe mal vor Jahrzehnten eine

Geburtstagskarte von einer Freundin bekommen, in der stand: »Ich wünsche dir Zufriedenheit, dann kommt der Rest ganz von allein!« Ich denke so oft daran, weil es so viel Sinn macht.

Zufrieden sein bedeutet für mich, nicht immer mehr und noch mehr haben zu wollen. Sich und sein Leben nicht immer weiter optimieren zu müssen, sondern mit seinem Leben genau so zufrieden zu sein, wie es gerade ist. Das heißt jedoch nicht, dass wir alles ertragen und erdulden müssen. Es geht hier wirklich darum, genau hinzusehen: Bin ich mit den grundsätzlichen Dingen in meinem Leben zufrieden? Wenn ja, ist es wichtig, sich das noch einmal bewusst zu machen und dankbar zu sein. Natürlich schaffe ich das auch nicht immer. Aber ich arbeite daran, weil ich weiß, wie gut es tut. Wenn wir nicht lernen, zufrieden zu sein, werden wir niemals glücklich werden. Denn es gibt immer etwas, was besser sein kann. Das hört niemals auf, auch wenn wir uns das gern erzählen: »Wenn ich das und das erreicht habe, dann bin ich glücklich.«

Nein, bist du nicht, denn dann klopft bereits der nächste Wunsch an der Tür. Aber weißt du, wann du glücklich bist? In dem Moment, in dem du dich dafür entscheidest. Wie wäre es, wenn du heute einfach mal all das feiern würdest, was du erreicht hast. Mit einer Massage, einem guten Buch, einem Stück Kuchen oder einem Spaziergang.

Ein Satz, der mich immer wieder getröstet hat und den ich mir ganz oft vorgesagt habe, wenn ich mal wieder das Gefühl hatte, dass meine Träume und Wünsche niemals in Erfüllung gehen werden, ist:

Vergiss nicht: Nur weil du heute etwas nicht hast, heißt das nicht, dass du es niemals haben wirst!

Alltags-Tipp

Was schenkt dir innere Ruhe und Zufriedenheit?

Innere Ruhe und Zufriedenheit fliegen uns nicht einfach zu, sondern wir können etwas aktiv dafür tun, um sie in unser Leben einzuladen. Überlege dir dafür einmal ganz bewusst, was dir innere Ruhe schenkt und was dich zufrieden macht. Mach dir eine Liste, und versuche jeden Tag, ein paar Dinge dieser Liste in deinen Alltag einzubauen.

Lektion 23:

Krise oder Chance?

»Das Leben wird vorwärts gelebt,
aber rückwärts verstanden.«

SØREN KIERKEGAARD, DÄNISCHER PHILOSOPH

»Das Leben wird vorwärts gelebt, aber rückwärts verstanden« ist eines der Lieblingszitate meines Mannes. Erst konnte ich damit nicht so viel anfangen. Mittlerweile mag ich es sehr. Weil es zeigt: Wir verstehen die Dinge, die uns passieren, nicht immer sofort. Fast immer verstehen wir sie aber, wenn etwas Zeit vergangen ist. Wir sollten deshalb nicht zu vorschnell urteilen, dass das, was uns gerade passiert, wirklich so eine riesige Katastrophe ist, wie wir vielleicht gerade glauben.

Vielleicht entpuppt sich die Kündigung als unglaublich toller Neuanfang, vielleicht ist diese schmerzliche Trennung ein Ende mit Schrecken, die einen Schrecken ohne Ende verhindert. Vielleicht führt dich deine Krise schnurstracks in ein viel besseres, schöneres und erfüllteres Leben. Kürzlich hat jemand in meinem Kurs ein ganz tolles Zitat gepostet: »Ich musste es dir unbequem machen, sonst hättest du dich nie bewegt – das Universum.«

Das trifft auf sehr viele Krisen zu. Oft ist ein großes empfundenes Unglück der Weg zu einem neuen Leben, zu einem neuen Denken und einem neuen Verhalten. Im Nachhinein war mein Burnout zwar meine größte Krise, aber auch meine größte Chance. Ich bin unglaublich froh, dass ich diese Zeit durchleben durfte. Denn ich bin mir sicher, dass ich ohne diese Krise viel von dem, was ich heute besitze und was ich mir ermöglicht habe, nicht erreicht hätte. Durch diese Lebenskrise bin ich gewachsen und habe eine neue Lebensweise entwickelt, die viel besser zu mir passt als die vorherige.

Wenn anderen Menschen schlimme Dinge passieren, denken wir oft »So etwas würde ich nie aushalten«. Tatsächlich ist es aber so, dass wir viel mehr aushalten, als wir denken. Und dass wir in einer Krise ungeahnte Kräfte entwickeln, von denen wir bis dahin keine Ahnung hatten, dass sie in uns schlummern.

Wenn du also gerade in einer Krise steckst und buchstäblich durch die Hölle gehst und das Licht am Ende des Tunnels noch nicht sehen kannst, ist in diesem Moment nur eines wichtig: Geh weiter! Denn warum solltest du in der Hölle, dort wo es am schlimmsten ist, anhalten?

Stell dir deine Krise mal mit einem Bild aus der Natur vor: Deine Krise ist ein Tal, das du durchschreitest. Von hier kannst du das große Ganze nicht sehen, dir fehlt der Weitblick. Bekanntlich folgt auf jedes Tal immer ein Berg. Wenn du den Berg erreicht hast, kannst du von oben auf das Tal blicken, hast die schönste Aussicht und kannst das große Ganze erkennen.

Warum gelingt es nun manchen Menschen, schneller aus erlebten Traumata herauszukommen als anderen? Die Antwort wird heute unter dem Begriff »Resilienz« (man könnte auch Widerstandskraft sagen) zusammengefasst. Und Resilienz ist etwas, was man sich im Leben zu jeder Zeit aneignen kann. Vielleicht helfen dir ja die folgenden Gedanken dabei:

Alltags-Tipp

Akzeptiere das, was ist

Wir haben im Leben nicht auf alles Einfluss, und wir können auch nicht alles verändern. Das hinzunehmen fällt vielen von uns unglaublich schwer, weil damit oft ein großes Gefühl der Ohnmacht einhergeht. Aber genau dieses

Akzeptieren ist der erste Schritt, um eine Krise überwinden zu können: Denn so hören wir auf, gegen eine Situation zu kämpfen, die wir nicht mehr ändern können. Fang also an, Situationen, Dinge und Ereignisse, die nicht in deiner Hand liegen und schon geschehen sind, zu akzeptieren. Manche Dinge passieren einfach. Krisen sind ein Teil unseres Lebens.

Der amerikanische Theologe Reinhold Niebuhr hat ein recht bekanntes Gedicht verfasst, das in diesem Zusammenhang immer wieder erwähnt wird, ich übersetze es an dieser Stelle mal frei ins Deutsche:

Gott, gib mir
die Gelassenheit,
die Dinge hinzunehmen,
die ich nicht ändern
kann.
Den Mut,
die Dinge zu
ändern, die ich
beeinflussen kann.
Und *die Weisheit,*
das eine vom anderen zu
unterscheiden.

Alltags-Tipp
Du steckst nicht ewig fest!

Eltern werden diesen Satz kennen: »Es ist alles nur eine Phase!« Damit rufen sie sich, wenn es mal wieder anstrengend ist, immer wieder ins Gedächtnis: Auch das wird vorübergehen! (siehe Lektion 8). Natürlich – und das ist das Problem – nimmt eine akute Krise mehr unserer Aufmerksamkeit, unserer Gefühle und unserer Energie ein als ein entspannter und normal verlaufender Lebensabschnitt. Und Krisen bleiben uns deshalb auch stärker in Erinnerung. Trotzdem ist eine Krise verglichen mit dem ganzen Leben immer nur ein kurzer Lebensabschnitt. Du wirst nicht ewig in dieser Krise feststecken. Denn eine Krise ist nur eine Phase. Und das Gute an Phasen ist: Sie gehen vorbei.

Alltags-Tipp
Glaube an dich

Wenn du auf dein bisheriges Leben zurückblickst, wird dir sicher auffallen, dass du die eine oder andere Krise bereits bewältigt hast. Wenn du es damals geschafft hast, wirst du es auch heute schaffen. Wie bist du damals genau vorgegangen? Was hat dir dabei geholfen, die Krise zu überwinden? Wenn wir uns unsere Stärken und Ressourcen immer wieder ins Gedächtnis rufen, sehen wir: Wir sind viel stärker, als wir denken. Glaube an dich und dein Können! Krisen sind immer eine gute Möglichkeit, an ihnen zu wachsen und seine eigene Resilienz zu stärken.

Alltags-Tipp
Du bist nicht das Opfer

Wenn wir uns als Opfer sehen und fühlen, stecken wir fest. Wir geben damit unsere Selbstwirksamkeit, unsere Handlungsfähigkeit und unsere Macht ab. Und beide sind wirklich wichtig, um uns das Leben zu gestalten, das wir wirklich leben wollen. Du bist nicht das Opfer deines Lebens, du kannst es aktiv selbst gestalten. Auch wenn du nicht immer Einfluss auf die Dinge hast, die dir passieren, so kannst du dich immer entscheiden, wie du auf bestimmte Dinge in deinem Leben reagieren möchtest.

Viktor Frankl, Neurologe und Psychiater, formulierte es einmal so: »Zwischen Reiz und Reaktion liegt ein Raum. In diesem Raum liegt unsere Macht zur Wahl unserer Reaktion. In unserer Reaktion liegen unsere Entwicklung und unsere Freiheit.«

Sieh die Krise als genau das, was sie ist: eine Herausforderung, mit der du noch stärker wirst. Oft kann es auch helfen, sich in einer schwierigen Situation zu fragen: Was ist das Geschenk an dieser schwierigen Situation? Was kann ich daraus für mein weiteres Leben mitnehmen?

Ich wünsche dir von Herzen, dass dir Krisen in deinem Leben zeigen, was dir wirklich wichtig ist, dass du an ihnen wächst und gestärkt aus ihnen hervorgehst.

Lektion 24:

Die Hoffnung stirbt zuletzt

»Am Ende wird alles gut.
Und wenn es noch nicht gut ist,
dann ist es noch nicht das Ende.«

OSCAR WILDE, ENGLISCHER DICHTER

»Du kannst alles schaffen, was du willst!«

Früher habe ich diesen Satz wirklich geglaubt, und ich wollte ihn auf jeden Fall an die Menschheit weitergeben. Heute sehe ich es ein bisschen anders.

Ich bin hier oft im Zwiespalt, weil uns so viele Coaches da draußen erzählen wollen, dass jeder alles schaffen kann, wenn er es nur genug will. Ich finde ja den Gedanken dahinter grundsätzlich schön. Und gut. Und richtig. Den Menschen Mut zu machen und ihnen Hoffnung zu geben. Und das ist mir selbst bei meiner Arbeit auch unglaublich wichtig. Aber manche Menschen sind einfach privilegierter als andere. Und ich finde es absolut übergriffig, beispielsweise zu einem schwer kranken Menschen zu sagen: »Du kannst wieder gesund werden, wenn du es wirklich willst!« Weil das eben oft impliziert, dass er, falls er nicht gesund wird, es eben nur nicht genug wollte. So »einfach« ist das aber natürlich in der Realität nicht.

Dass ich zum Beispiel die Möglichkeit habe, dieses Buch zu schreiben ist nur eines von ganz vielen Privilegien in meinem Leben. Und diese vielen Privilegien vergessen wir ganz oft. Ich auch. Deshalb ist es wichtig, uns das regelmäßig bewusst zu machen und es auch zu sehen und wertzuschätzen.

Es gibt nämlich Menschen da draußen, die haben einfach nicht so viel Glück. Sie müssen unfassbar schlimme Schicksalsschläge ertragen. Sie leben in einem Land, in dem Krieg herrscht. Sie haben nicht genug zu essen, zu trinken oder kein Dach über dem Kopf. Kürzlich habe ich zum Beispiel von einer fünfköpfigen Familie gelesen, in der bereits zwei Kinder sowie der Ehemann an Krebs verstorben sind, aufgrund eines seltenen Gendefektes. Das hat mich so unfassbar berührt und mir mal wieder gezeigt, dass das Leben einfach nicht gerecht ist. So sehr wir uns das manchmal auch wünschen. Und das ist ja bei Weitem nicht die einzige Geschichte.

Es gibt sehr viel unvorstellbares Leid auf der Welt. Und oft bin ich mit meinen Worten absolut am Ende. Da finde ich weder Sinn noch irgendeinen guten Tipp, der das Geschehene irgendwie abmildern könnte. Manchmal müssen wir das Geschehene aber auch gar nicht abmildern, denn manche Dinge im Leben sind einfach scheiße. Und wir müssen nicht aus jeder Scheiße etwas Positives ziehen und sie uns damit schönreden.

Ich finde es deshalb wichtig, dass wenn es uns gut geht, wir versorgt sind und wir in einem Land leben, in dem wir die Möglichkeit haben, uns frei zu entfalten, wir uns unserer Privilegien bewusst sind und infolge dessen auch bewusst damit umgehen. Indem wir zum Beispiel dankbar sind und ein bisschen demütiger. Ich glaube wirklich, Demut würde uns allen guttun. Aus dieser Position heraus könnten wir dann Menschen helfen, die nicht so privilegiert sind. Wie man das genau macht, ist am Ende jedem selbst überlassen. Ob man einfach nur ein Bewusstsein dafür schafft, dass es Menschen gibt, denen es schlechter geht als uns selbst, oder ob man anderen aktiv hilft, spendet oder einfach liebevoller und achtsamer mit den Menschen und der Umwelt umgeht – auch kleine Dinge helfen. Und jeder kleine Schritt zählt. Und natürlich ist am Ende niemand perfekt. Denn wir sind Menschen, und wir machen Fehler. Das gehört zum Menschsein dazu.

Worte verleihen Flügel

Trotzdem mag ich Sätze wie »Du schaffst das« und »Alles wird gut!« immer noch. Weil sie oft sinnvoll sind und helfen können. Auch wenn sie natürlich nicht immer wahr sind. Aber man sollte trotzdem nicht unterschätzen, wie viel es mit einem Menschen macht, wenn man ihm sagt, dass er etwas schaffen kann. Wie sehr er dadurch ermutigt wird und ihm im wahrsten Sinne des Wortes Flügel verliehen werden. Und was es im Gegenzug auch mit den Menschen machen kann, wenn man ihnen die Hoffnung nimmt. Ich für meinen Teil gebe lieber Hoffnung, als sie zu nehmen. Denn lieber einmal zu viel Hoffnung gemacht als einmal zu wenig, oder?

Wenn es dir gerade nicht so gut geht, möchte ich dir also mit diesem Buch Hoffnung machen, dass irgendwann alles wieder gut wird. Dass wieder bessere Zeiten kommen werden und eine wunderschöne Zukunft auf dich wartet. Denn die Zukunft ist keine automatische Verlängerung deiner Vergangenheit, auch wenn du das vielleicht oft glaubst. Nach einer Krise kann es nicht nur wieder gut werden, sondern sogar besser als vorher. Wenn du die Krise auch als Chance siehst, wie wir im letzten Kapitel besprochen haben.

Und vielleicht geht es bei der Hoffnung am Ende auch gar nicht so sehr darum, dass alles genau so wie gewünscht ausgeht (was es im Übrigen aber wirklich oft tut), sondern dass sie uns die schwere Zeit dazwischen ein bisschen leichter macht. Dass wir mehr an uns selbst und unsere Fähigkeiten glauben.

Wenn dir auch wieder einmal die Hoffnung fehlt, du dich verloren fühlst und glaubst festzustecken, möchte ich dir zum Abschluss der Lektion gern noch die Worte des Sängers Andreas Bourani mitgeben, die mich immer noch sehr berühren und immer wieder trösten, wenn ich das Gefühl habe, gerade festzustecken:

»Hey, sei nicht so hart zu dir selbst,
auch wenn dich gar nichts mehr hält,
du brauchst nur weiterzugehn,
komm nicht auf Scherben zum Stehn.«

Manchmal ist weiterzugehen tatsächlich das Einzige, was wir machen können und was nötig ist, wenn wir uns in unserem Leben verlaufen haben. Denn so finden wir irgendwann auch wieder auf den richtigen Weg zurück.

Alltags-Tipp

Wem könntest du heute Hoffnung schenken?

Überlege dir doch einmal, wer heute ein »Alles wird gut!« oder ein »Du schaffst das!« gebrauchen könnte. Du kannst auch gern eine Postkarte mit ein paar handgeschriebenen Worten an diese Person versenden. Das machen wir viel zu selten, und ich bin sicher, du zauberst damit ein Lächeln auf das Gesicht dieser Person.

Lektion 25:

Ohne Tod kein Leben

»Eines Tages werden wir alle sterben, Snoopy.« –
»Ja, aber an all den anderen Tagen nicht!«

AUS DEM COMIC »DIE PEANUTS«

So wie viele Menschen hatte auch ich mein Leben lang große Angst vor dem Tod. So sehr, dass ich mir damit mein Leben zur Hölle gemacht habe. Ich hatte so große Angst zu sterben, aber richtig zu leben, das traute ich mich auch nicht.

Heute habe ich mich ... wie formuliere ich das am besten ... mit dem Tod sozusagen »arrangiert«. Mir hat dabei ein Perspektivwechsel geholfen, die Dinge mal anders zu sehen. Was wäre denn die Alternative zum Tod? Ewiges Leben? Wäre das nicht vielleicht sogar viel schlimmer? Würden wir dann jemals irgendwas »gebacken« bekommen? Würden wir jemals eine Entscheidung treffen? Denn wir hätten ja schließlich ewig Zeit.

Ich habe außerdem erkannt, dass das ganze »Konzept Leben« nur *mit* dem Tod funktioniert. Denn ohne den Tod gäbe es auch kein Leben. Wir könnten gar nicht leben, wenn wir nicht auch sterben könnten. Wenn wir Unglück nicht kennen würden, wenn wir nicht wissen würden, wie es sich anfühlt, unglücklich zu sein, woher würden wir dann wissen, wie es sich anfühlt, glücklich zu sein? Wir brauchen immer gegensätzliche Gefühle und Erfahrungen, um sie für uns erfahrbar zu machen und richtig einordnen zu können.

Diese Ansicht tröstet mich etwas. Aber das mildert natürlich nicht den Schmerz, den der Tod oft mit sich bringt. Gerade wenn es sich um den Tod von nahestehenden Menschen handelt. Denn den eigenen Tod stirbt man nur, aber mit dem Tod der anderen muss man leben.

Es bleibt deshalb, egal, wie man es dreht und wendet und so sehr man auch nach dem Sinn sucht, immer furchtbar schlimm, wenn man einen geliebten

Menschen verliert. Kürzlich ist mein Cousin verstorben, und ein Satz blieb mir von der Trauerfeier besonders in Erinnerung: »Gegen Trauer hilft nur trauern.« Und dieser Satz hat mich sehr berührt.

Wir laufen oft vor unseren Gefühlen weg, und gerade Trauer unterdrücken viele Menschen, weil sie sich einfach oft so überwältigend anfühlt. Ich selbst bin keine Expertin für Trauer, aber was ich weiß, ist: Aus unterdrückter Trauer entsteht oft eine Depression. Und das muss nicht unbedingt eine Trauer aufgrund eines Todesfalls sein. Die Trauer um eine beendete Beziehung gehört hier auch dazu. Es ist wichtig, sich Zeit zu nehmen, um zu trauern. Auch für diese Gefühle dürfen wir in unserem Leben Platz machen.

Jede Träne, die wir weinen, macht Platz für etwas Neues. Weinen ist reinigend und befreiend und ein Ventil, um Druck und Stress abzubauen. Angst vor dem Tod zu haben heißt letzen Endes auch Angst vor Kontrollverlust zu haben. Wir können jedoch im Leben nicht alles kontrollieren, das ist unmöglich. Und wir können auch nicht alles verhindern. Genau deshalb müssen wir damit aufhören, es immer wieder zu versuchen, denn dann können wir nur scheitern.

Es macht wenig Sinn, sich mit den Sorgen über die Zukunft, die Gegenwart zur Hölle zu machen. Dann leiden wir entweder umsonst (und zwar in den 99,9 Prozent der Fälle, in denen unser befürchtetes Ereignis gar nicht eintritt) oder doppelt (in den 0,1 Prozent der Fälle, wenn es denn tatsächlich eintritt).

Wie oft versauen wir uns mit unseren Sorgen um die Zukunft den gegenwärtigen Moment? Und wie oft tun wir das auch mit vielen kleinen, eigentlich unwichtigen

Dingen im Alltag? Ein erster Schritt, etwas zu ändern ist immer, es zu bemerken. Zu sehen: »Alles klar, ich verfalle gerade wieder in eine Sorgenspirale.« Und sich dann im nächsten Moment bewusst umzuentscheiden. Für ein neues Verhalten, das einen glücklicher macht als das bisherige.

Und wenn mich doch mal wieder die Angst vor dem Tod überkommt, denke ich immer an das Gespräch von Snoopy und Charlie Brown. Ja, wir müssen alle irgendwann einmal sterben, daran führt kein Weg vorbei. Aber weißt du, was?

Jetzt leben wir erst mal!

Alltags-Tipp
Fühle deine Gefühle

Während meiner Depression konnte ich nicht mehr weinen und hatte immer das Gefühl, als stünde ich kurz vorm Platzen. Im Nachhinein wurde mir dann klar, dass ich jahrelang verschiedene Gefühle eingeschlossen hatte, statt sie zu fühlen. Aber Gefühle zu unterdrücken funktioniert – wenn überhaupt – nur sehr kurzfristig. Und wie gut Weinen tut und wie wichtig es für den Körper auch zum Stressabbau ist, wurde mir erst klar, als es plötzlich nicht mehr ging. Tatsächlich ist das Weinen nicht das Problem, sondern das Nicht-Weinen. Wir sollten deshalb unsere Tränen niemals unterdrücken, denn sie sind immer wichtig, und es gibt keinen Grund, sich dafür zu schämen, ganz im Gegenteil. Denn ein unterdrücktes Gefühl bleibt im Körper gespeichert. Es ist wie ein verstopfter Abfluss, durch den nichts mehr fließen kann. Erlaube dir deshalb jedes

Gefühl. Alles darf sein. Gefühle zu fühlen heißt aber nicht, dass wir uns tagelang in ihnen verlieren sollen. Wenn du das Gefühl hast, nicht mehr aus einem Gefühl herauszukommen, können dir vielleicht diese 5 Tipps helfen:

1. Wenn du im Gefühl der **Angst** festhängst, hilft es dir vielleicht, eine Achtsamkeits- oder Atemübung aus Lektion 18 zu machen!
2. Wenn du im Gefühl der **Trauer** festhängst, hilft es dir vielleicht, mit einem Tier zu kuscheln oder einen Freund anzurufen.
3. Wenn du im Gefühl der **Wut** festhängst, hilft es dir vielleicht, joggen zu gehen oder gegen einen Boxsack zu schlagen.
4. Wenn du im Gefühl der **Eifersucht** festhängst, hilft es dir vielleicht, dich auf deine eigenen Stärken zu konzentrieren und eine Liste mit deinen Talenten anzufertigen.
5. Wenn du im Gefühl von **Minderwertigkeit** festhängst, hilft es dir vielleicht, Tagebuch zu schreiben und dir selbst mit positiven Affirmationen gut zuzureden. Eine Liste mit 50 positiven Affirmationen, die mir während meines Burnouts sehr geholfen haben, findest du im Anhang.

Schlusswort

Was möchte ich mit diesem Buch und den 25 Lektionen eigentlich erreichen und weitergeben? Ich möchte dich vor allem dazu inspirieren, die Dinge, die dir passieren, einmal anders zu sehen und an deine eigene Selbstwirksamkeit zu glauben! Es gibt nur einen Menschen, der etwas an deinem Leben verändern kann: du selbst.

Es gibt nämlich einen Unterschied zwischen Schmerz und Leid. Schmerz ist unvermeidbar im Leben, weil eben leider manche Dinge passieren und wir keinen Einfluss darauf haben. Leid ist jedoch oft zu vermeiden und zwar, indem wir unsere Haltung und unsere Gedanken den Dingen gegenüber verändern. Wenn wir das tun, dann ändern sich auch oft die Dinge selbst.

Ich hoffe, du erkennst, dass nur wenig so schlimm ist, wie es im ersten Moment scheint, und sich vieles, was dir zuerst als Katastrophe erscheint, sich im Nachhinein als Geschenk entpuppen kann. Du bist so viel stärker, als du denkst, und du wärst erstaunt, würdest du wirklich begreifen, was alles in dir steckt.

Dieses Buch soll dir einen Schubs in die richtige Richtung geben, und ich wünsche mir, dass du Stück für Stück anfängst, deine Zweifel hinter dir zu lassen und dir das Leben gestaltest, das du *wirklich* leben willst. Dass du damit aufhörst, dir selbst mit deinen Gedanken und Ängsten das Leben zur Hölle zu machen. Genau diesen Weg bin ich selbst in den letzten Jahren gegangen. Das braucht Zeit, denn das ist deine Lebensaufgabe. Es ist sozusagen kein Sprint, sondern ein Marathon. Du darfst dich auch mal verlaufen, umkehren und in eine andere Richtung weiterlaufen. Du darfst auch mal verzweifelt sein und unsicher und dich verloren fühlen. Das ist okay! Wichtig ist nur, dass du niemals stehen bleibst und nicht aufgibst. Und dass du auf dein Herz hörst. Ich glaube, das ist mit das Schwierigste im Leben: immer wieder in sich hineinzuspüren, ob sich gerade alles stimmig anfühlt. Sich weiterentwickeln, sich trauen, Dinge zu verändern und anders zu machen als gestern. Denn nur, weil sich gestern etwas gut für dich angefühlt hat, heißt es nicht automatisch, dass es sich morgen auch noch gut für dich anfühlen wird. Am Ende wird sich dieser Herzensweg für dich lohnen, da bin ich mir sicher.

Ich wünsche mir für dich, dass du den Blick für die vielen Kleinigkeiten im Alltag nicht verlierst, denn tatsächlich sind sie gar nicht so klein. Sie sind oft sogar das, was das Leben lebenswert macht. Vielleicht hast du ja Lust, dich am Ende des Buches ein bisschen inspirieren zu lassen und ein paar von den folgenden Kleinigkeiten in deinen Alltag einzubauen, sie klingen vielleicht banal – vieles davon machen wir aber trotzdem viel zu wenig.

Von Herz zu Herz
Deine Christina

Einen Fremden anlächeln.

Öfter mal Danke sagen.

Früher ins Bett gehen.

Das Handy weglegen.

Einfach mal nichts tun.

Tief durchatmen.

Pause machen.

Dich entschuldigen.

Mit Kindern Verstecken spielen.

Einen Fehler zugeben.

Ja sagen.

Lachen, bis dir der Bauch wehtut.

Zusammen schweigen.

Tiefgründige Gespräche führen

Nein sagen.

Die richtigen Fragen stellen.

Deine Familie öfter besuchen.

Mit Oma spazieren gehen.

Stolz sein.

Dich selbst loben.

Verreisen.

Einen Witz erzählen.

Kekse backen.

Einen Brief schreiben.

Freunde einladen.

Blumen verschenken.

Basteln.

Sinn finden.

Etwas Neues lernen.

Zufrieden sein.

Dir Zeit nehmen.

Richtig zuhören.

Albern sein.

Mehr an dich glauben.

In schönen Erinnerungen schwelgen.

Ein neues Rezept ausprobieren.

Lecker essen und bewusst genießen.

Zusammen kochen.

Eine Kugel Eis mehr bestellen.

Schokolade zum Frühstück

Andere mehr schätzen.

Weniger über die Vergangenheit grübeln oder sich um die Zukunft sorgen.

Dich selbst mehr schätzen.

Gedichte schreiben.

Mehr im Moment leben.

In den Himmel blicken.

Zitronenkuchen essen.

Tee trinken.

Gute Bücher lesen. Ich hoffe, dieses ist eines davon! ❤

Danksagung

Henry: Ich bin so unendlich froh, dass du in unser Leben gekommen bist, denn du bereicherst es mit deinem Lachen und deiner aufgeweckten Art jeden Tag so sehr. Ich wünsche mir für dich, dass du dieses wunderschöne Lächeln nie verlierst und dir in deinem Leben so wenig Leid wie möglich widerfährt. Ich liebe dich mehr als alles andere, und ich hoffe, du bist irgendwann ein bisschen stolz auf deine Mama, wenn du dieses Buch in deinen Händen hältst.

Daniel: Dass mein Leben heute so schön ist, verdanke ich zu einem ganz großen Teil auch dir. Ich wüsste nicht, wo ich heute ohne dich wäre. Du bist unser Hausmeister, Superheld und »Feel Good Manager«, und ich danke dir von Herzen für all das, was du jeden Tag für uns tust. Du zeigst uns damit jeden Tag deine Liebe, und ich weiß, dass du manchmal denkst, dass ich in meiner Zerstreutheit all das nicht sehe. Aber das tue ich. DANKE für alles – ich liebe dich!

Mama: Ich glaube, dass ich ein guter Mensch mit einem gesunden Selbstbewusstsein bin. Und ich weiß, dass ich das vor allem auch deshalb bin, weil ich eine Mutter hatte, an deren Liebe ich nie zweifeln musste. Ich bin unglaublich froh und dankbar, dass ich nie das Gefühl hatte, dass du mich zu wenig liebst und dass ich bis heute immer an erster Stelle in deinem Leben stehe.

Denn das ist die sichere Basis für alles andere in meinem Leben. Ich liebe dich sehr, deine Schneggi :-)

Papa: Ich war in meiner Kindheit immer wahnsinnig stolz, wenn du auf großen Veranstaltungen Vorträge gehalten hast. Und auf deine wunderschönen, selbst fotografierten Bilder. Ich habe nie bemerkt, dass du jemals Lampenfieber hattest, und dass auch ich heute regelmäßig vor so vielen Menschen ohne Probleme sprechen kann, habe ich sicher von dir. Genauso wie mein Auge für schöne Bilder, Grafiken und Details. Auch wenn ich es dir nicht so oft sage, ich hoffe, dass du es trotzdem weißt: Ich liebe dich sehr!

Heinz: Danke für alles, was du in den letzten Jahren für mich und meine Mama getan hast. Und was du uns damit alles ermöglicht hast. Es ist so schön, dass du in unser Leben gekommen bist. Und dass Henry nun ganz stolz erzählen kann, dass er sogar drei Opas hat und uns in der Gegenwart ständig fragt: »Wo guckt der Opa hin?!«

Tessa: Du warst in den letzten 30 Jahren nicht nur meine beste Freundin. Du warst meine Seelenverwandte, meine Schwester. Mein zweites Ich. Und viele Jahre gab es die Chrissi nicht ohne die Tessa. Ich bin unglaublich froh, so eine Freundin wie dich zu haben und dass es – egal wie lange wir uns nicht sehen – jedes Mal immer noch genauso wie früher ist. Unsere Freundschaft ist ein wahres Geschenk!

Carmen und Holger: Ihr wart immer mehr als meine Tante und mein Onkel. Für mich wart ihr beide meine

Großeltern. Dort, wo ich als Kind verwöhnt wurde und nach den Ferien manchmal gar nicht mehr nach Hause wollte. Was ihr in den letzten Jahren ertragen musstet, macht mich unglaublich traurig, und ich bewundere euch zutiefst, wie ihr trotz allem euer Leben lebt. Eure Ehe und euer Zusammenhalt ist ein Vorbild für so viele, und ich bin so froh, dass es euch gibt!

Sigrid und Erich: Ich könnte mir keine besseren Schwiegereltern vorstellen, und ihr habt es mir immer unglaublich leicht gemacht, mich bei euch wohlzufühlen. Ich danke euch so sehr für eure Unterstützung. Liebe Sigrid, es war die beste Idee, unseren Online-Shop in deine Hände zu geben – du verpackst und versendest die Pakete mit so viel Liebe und Herz und machst damit so viele Menschen glücklich! Danke euch von Herzen!

Manu, Tina und Karin: Auch wenn wir uns nicht so oft sehen, bin ich sehr froh, dass es euch gibt. Mit jeder von euch habe ich so viele wunderschöne Zeiten erlebt, an die ich heute immer noch oft denken und dabei lächeln muss. Ich hoffe, einige dieser Zeiten kommen vielleicht zurück, wenn unsere Kinder etwas größer sind. Ich kann mit niemandem so viel lachen wie mit dir Manu, und mir fallen unzählige witzige Geschichten aus unserer Schulzeit ein. Tina – uns verbindet die ewige Suche nach dem »Richtigen« und unsere legendäre Paris-Reise: »Oh, tut das gut!« und natürlich der Regenbogen. Karin, wir haben auch so viele Urlaube und schöne Zeiten gemeinsam verbracht. Ich denke noch so oft an unsere WG-Zeit und unsere Amerika-Rundreise zurück. Vielleicht machen wir das irgendwann mit Sack und Pack einfach noch mal.

Steff: Mein Lieblingsdesigner! Und einer meiner ältesten Freunde. Mit dir kann man nicht nur gut feiern und reden, sondern auch gut arbeiten. Von Herzen danke, dass du mich seit dem Beginn meiner Selbstständigkeit mit so unfassbar schönen Grafiken und Layouts unterstützt. Du hast immer nur die beste Arbeit gemacht und bist genau der Richtige für diesen Job!

Judith: Dass du dich bei mir beworben hast, war ein echter Glücksgriff, denn du bist ein Riesentalent und eine große Bereicherung für Happy Dings. Ich freue mich auf alles, was wir noch gemeinsam kreieren werden.

Tina: Danke für deine tollen Texte, die du immer mit so viel Leben und eigenen Erfahrungen füllst, und die tatkräftige Unterstützung bei meinen Workshops.

Verena und das ganze Team von Komplett Media: Danke, dass ihr an mich und mein Buch geglaubt habt und dass ihr diesen besonderen Weg mit mir geht! Ich hoffe, wir berühren mit diesem Buch ganz viele Menschen und geben ihnen ein bisschen Leichtigkeit und Hoffnung zurück.

Diana: Danke für deine vielen klugen Ideen, Anmerkungen und Tipps. Ich hatte immer das Gefühl, mit diesem Buch bei dir in genau den richtigen Händen zu sein!

Anhang

Angebote von Christina

Unter www.happydings.net findest du alles über mich und meine Vision, Menschen zu einem glücklichen und angstfreien Leben zu begleiten. Hier findest du auch sämtliche Informationen über meine Kurse, meinen Mitgliederbereich, den Happy Club, meine (Live-)Workshops sowie meinen Online Glücks Shop.

Meinen kostenlosen Podcast »Einmal Burnout und zurück« gibt es überall, wo es Podcasts gibt. Dort warten ebenfalls viele persönliche Geschichten und weitere Tipps auf dich.

Auf Instagram findest du mich außerdem unter:
@happydings

Ich freue mich, wenn wir uns dort bald wiedersehen und in Kontakt bleiben!

Reflexionsfragen

1. Wo stehe ich gerade in meinem Leben? Fühle ich mich angekommen? In welchen Bereichen meines Lebens bin ich zufrieden? In welchen Bereichen meines Lebens bin ich unzufrieden?
2. Was wünsche ich mir? Was möchte ich noch erreichen? Was habe ich bereits erreicht?
3. Was habe ich bisher über mich und das Leben gelernt? Wie kann es mir auch in der Zukunft weiterhelfen?
4. Wer hat mich auf meinem bisherigen Weg inspiriert? Wer hat mir geholfen?
5. Wem konnte ich bereits helfen?
6. Welche neuen Gewohnheiten und Routinen möchte ich gewinnen? Welche alten Routinen möchte ich ablegen?
7. Was möchte ich an andere Menschen weitergeben?
8. Bei welcher Tätigkeit spüre ich extrem viel Freude?
9. Welche Werte sind mir wichtig?
10. Wofür bin ich dankbar?
11. Worauf bin ich stolz?
12. Was ist meine schönste Erinnerung?
13. Was möchte ich gern an meinem Leben verändern? Und was wäre der erste Schritt?
14. Was ist meine Vision für die nächsten Jahre?
15. Welches ist mein Lieblingsbuch?

16. Welchen Lieblingsfilm habe ich?
17. Was kann ich besonders gut? Wo liegen meine Talente? Was sind meine Schwächen?
18. Gibt es jemanden in meinem Leben, dem ich noch verzeihen sollte? Bin ich selbst dieser Jemand?
19. Wer ist mein größtes Vorbild?
20. Was ist mir in meinem Leben am wichtigsten?
21. Was möchte ich der Welt hinterlassen?
22. Welche Menschen bedeuten mir etwas? Wem bedeute ich etwas?
23. Führe ich ein Leben, nach meinen Werten, Wünschen und Vorstellungen?
24. Bin ich glücklich?
25. Wenn nicht: Was bräuchte ich in meinem Leben, damit ich es bin?

Atem Übungen

4-7-8 Übung

Diese Übung kannst du immer und überall in deinen Alltag einbauen, sogar wenn du mitten unter Menschen bist. Dafür atmest du einfach 4 Sekunden durch die Nase ein, hältst 7 Sekunden den Atem an und atmest dann 8 Sekunden durch den Mund wieder aus. Wiederhole die Übung, so lange sie dir guttut. Wem das Zählen und Luftanhalten zu anstrengend ist, der kann auch einfach doppelt so lange ausatmen, wie er eingeatmet hat. Hilft super schnell und ist denkbar einfach!

VOO-Übung

Diese Übung wurde vom Trauma-Psychologen Peter Levine entwickelt und hilft dir dabei, wenn du dich schnell entspannen möchtest. Setze dich dafür an einen ruhigen Ort, nimm ein paar Atemzüge und komme etwas zur Ruhe. Atme dann langsam und tief durch die Nase ein, und sprich beim Ausatmen das Wort »VOO«. Spüre, wie das VOO sozusagen im Bauch nachvibriert. Wiederhole das ganze fünf- bis zehnmal – je nach Anspannung.

Aufrecht stehen

Setze oder stelle dich aufrecht hin, rolle die Schultern bewusst nach hinten und unten, und lass deine Arme entspannt zu den Seiten hängen. Wenn du nun langsam und bewusst einatmest, hebe beide Arme über die Seiten nach oben, bis sie sich mittig über deinem Kopf treffen. Halte die Luft kurz an. Beim Ausatmen – was gern länger dauern darf als das Einatmen – führe die Arme wieder über die Seiten nach unten. Wiederhole diese Übung, so oft du möchtest, mindestens aber fünfmal.

5-Finger-Übung

Nimm eine Hand nach oben, und spreize deine Finger. Fahre nun mit dem Zeigefinger deiner anderen Hand die Finger deiner nach oben gehaltenen Hand langsam ab. Atme beim Hochfahren der Finger langsam ein und beim Herunterfahren wieder aus. Beginne mit dem kleinen Finger und ende am Daumen. Bekannt gemacht hat die 5-Finger-Atmung unter anderem der amerikanische Neurowissenschaftler und Psychiater Dr. Judson Brewer.

Antreiber *Test*

Der folgende Test stellt dir ein paar Fragen, zu denen du jeweils fünf Antwortmöglichkeiten erhältst. Wähle die aus, mit der du dich am ehesten identifizierst. Diese erhält von dir fünf Punkte. Die restlichen skaliere in absteigender Reihenfolge nach folgendem Schema.

Mit dieser Aussage identifiziere ich mich:

am meisten:	5 Punkte
sehr stark:	4 Punkte
mittelmäßig:	3 Punkte
nicht sehr stark:	2 Punkte
am wenigsten:	1 Punkt

1. Worauf legst du bei einer an dich gestellten Aufgabe am meisten wert?

a) Dass ich sie pünktlich, oder besser noch, vor Fristablauf, abliefere. __ P.
b) Dass man ihr ansieht, wie viel Mühe ich mir gegeben habe. __ P.
c) Dass ich eventuelle Schwierigkeiten allein löse. __ P.
d) Dass ich sehr genau arbeite und Wert auf Details lege. __ P.
e) Dass sie diejenigen, die sie bewerten, mit vollster Zufriedenheit erfüllt. __ P.

2. Wie reagierst du, wenn du das Gefühl hast, dass sich jemand unwohl fühlt?

a) Ich frage die Person, wie ich ihr helfen kann. __ P.
b) Ich lenke die Person mit einer Aktivität ab. __ P.
c) »Kopf hoch – morgen sieht die Welt schon wieder anders aus!« __ P.
d) Ich versuche alles, damit die Person sich besser fühlt. __ P.
e) Ich möchte genau erfahren, weshalb es ihr schlecht geht, und denke mir raffinierte Lösungen aus. __ P.

3. Wie gehst du mit Termindruck um?

a) Ich achte darauf, dass die Kleinigkeiten stimmen – oft leidet das Gesamtergebnis darunter, oder ich schaffe die Abgabe nicht rechtzeitig. __ P.
b) Ich lehne jegliche Hilfe ab – die anderen sollen sehen, dass ich es schaffen kann! __ P.
c) Ich arbeite Tag und Nacht weiter, um ja die Frist einzuhalten. __ P.
d) Ich mache mehrere Dinge gleichzeitig, weil ich sonst nicht rechtzeitig fertig werde. __ P.
e) Ich erkläre mich und bitte, falls nötig, freundlich um eine Verschiebung der Frist, damit ich das Projekt zufriedenstellend erfüllen kann. __ P.

4. Du bist der Meinung, dass jemand einen Fehler macht. Wie kommunizierst du dies?

a) Gar nicht – ich möchte niemanden verärgern. __ P.
b) Ich versuche, durch die Blume zu sagen, was meiner Meinung nach nicht stimmt. __ P.
c) Ich erkläre sehr genau und faktenbasiert, worin der Fehler liegt und was man meiner Ansicht nach hätte besser machen sollen. __ P.
d) Ich bemühe mich intensiv, meine Meinung darzulegen, sodass mein Gegenüber seinen Fehler am Ende einsieht – ob er das nur um des lieben Friedens willen tut, sei mal dahingestellt. __ P.
e) Ich versuche, der Person zuvorzukommen und den Fehler zu verhindern, bevor er überhaupt entsteht. __ P.

5. Wie denkst du über Menschen, die in den Tag hinein leben?

a) Solche Trödler regen mich auf, ich fühle mich gebremst. __ P.
b) Ich beneide sie fast ein bisschen für ihr entspanntes Leben. Wie gern hätte ich selbst mal das Gefühl, ohne Plan und Struktur leben und es genießen zu können?! __ P.
c) Ich ziehe weiter mein Ding durch und lasse mich nicht beirren. __ P.
d) Ich versuche, ihnen ihre Lebensart zu lassen – selbst, wenn ihre Planlosigkeit meine Pläne durcheinanderbringt. __ P.

e) Ich sorge um jeden Preis dafür, dass wir trotzdem irgendwie pünktlich sind, und schaffe es auch meistens – jedoch oft nicht ohne Streitigkeiten. __ P.

6. Wie reagierst du auf Kritik?

a) Ich nehme sie an und sage nichts, selbst wenn mich die Art, wie sie kommuniziert wurde, verletzt hat. Ich suche den Fehler bei mir. __ P.
b) Ich bleibe möglichst objektiv und versuche, mein Verhalten im Stillen zu ändern.
c) Ich möchte genau ergründen, inwiefern die Kritik berechtigt ist, und beginne eine Diskussion. __ P.
d) Ich höre kaum hin, weil ich nebenher über zig andere Dinge nachdenke. __ P.
e) Ich nehme die Kritik an und bemühe mich fortan, alles zu tun, damit mir nicht weiter Vorwürfe gemacht werden. __ P.

7. Wie verbringst du deinen Urlaub?

a) Ich plane jede Minute akribisch, und es bringt mich völlig aus der Bahn, wenn etwas meine Pläne durchkreuzt. __ P.
b) Ich hetze von einer Aktivität zur nächsten. __ P.
c) Ich lasse die anderen entscheiden, was wir machen, denn sie sollen sich wohlfühlen. __ P.
d) Wenn niemand das machen will, was ich möchte, ziehe ich im Zweifelsfall allein los. __ P.
e) Ich möchte meine freie Zeit, so gut es geht, für mich und meine Erholung nutzen, was mich oft mehr Energie kostet, als ich tanken kann. __ P.

8. Wie gehst du mit deinen Herzenswünschen um?

a) Ich arbeite hart an der Umsetzung meiner Ziele. Manchmal lasse ich es von vornherein bleiben, weil ich das Gefühl habe, das eh nicht schaffen zu können. __ P.
b) Ich beginne oft mehrere Dinge gleichzeitig, weil ich am liebsten alles sofort möchte. __ P.
c) Ich frage andere um Rat und stelle meine Wünsche zurück, wenn mir etwas anderes wichtiger erscheint. __ P.
d) Wenn ich ein Ziel erreicht habe, kann ich meine Freude darüber kaum zeigen. __ P.
e) Ich gehe die Schritte zur Umsetzung einzeln an und verliere oft das große Ganze aus dem Blick. __ P.

9. Wie verhältst du dich in einem Konflikt?

a) Ich lasse andere gewinnen, um meinen Frieden zu wahren, auch wenn ich eigentlich recht habe. __ P.
b) Ich diskutiere alles bis zum Letzten aus und möchte alle von meiner Sichtweise überzeugen. __ P.
c) Ich ziehe mich zurück, um reflektieren zu können. Auch wenn ich im Unrecht bin, fällt es mir schwer, mich zu entschuldigen. __ P.
d) Ich bemühe mich, meinen Standpunkt darzulegen, aber auch, die anderen zu verstehen. Konflikte können sich hinziehen. __ P.
e) Ich möchte schnell zu einer Lösung finden, damit der Konflikt nicht lange zwischen mir und meinem Gegenüber steht. __ P.

10. Wie bereitest du dich auf ein Vorstellungsgespräch vor?

a) Ich recherchiere mich in Grund und Boden, um alle Fakten zur vakanten Stelle und zum Unternehmen zu kennen und bestens vorbereitet zu sein. __ P.

b) Ich beschäftige mich mit dem, was von mir erwartet wird, und gehe Fragen durch, die eventuell gestellt werden, damit ich möglichst zufriedenstellende Antworten liefere. __ P.

c) Ich erzähle zunächst niemandem davon und mache auch mir nicht zu viele Hoffnungen, damit am Ende die Enttäuschung nicht zu groß ist, falls ich nicht genommen werde. __ P.

d) Ich habe neben Plan A noch mehrere andere offene Bewerbungen in petto, damit ich viele Alternativen parat habe und schnell eine neue Stelle finde.

e) Ich gehe »all in« und bereite mich Tag und Nacht vor – noch kurz vorher im Zug gehe ich die wichtigsten Punkte durch und möchte auf jede Frage die beste Antwort parat haben. __ P.

Die Auswertung

Nun zähle deine Punkte zu jedem der Antreiber zusammen und trage sie in die Tabelle ein. Rechne zu jedem Antreiber deine Gesamtpunktzahl aus.

»Sei perfekt« Frage Nr. (Auswahl): 1(d) __ 2(e)__ 3(a)__ 4(c)__ 5(b)__ 6(c)__ 7(a)__ 8(e)__ 9(d)__ 10(a)__ gesamt: __ P.

»Beeil dich« Frage Nr. (Auswahl): 1(a) __ 2(b)__ 3(d)__ 4(e)__ 5(a)__ 6(d)__ 7(b)__ 8(b)__ 9(e)__ 10(d)__ gesamt: __ P.

»Streng dich an« Frage Nr. (Auswahl): 1(b) __ 2(d)__ 3(c)__ 4(d)__ 5(e)__ 6(e)__ 7(e)__ 8(a)__ 9(b)__ 10(e)__ gesamt: __ P.

»Mach es allen recht« Frage Nr. (Auswahl): 1(e) __ 2(a)__ 3(e)__ 4(b)__ 5(d)__ 6(a)__ 7(c)__ 8(c)__ 9(a)__ 10(b)__ gesamt: __ P.

»Sei stark« Frage Nr. (Auswahl): 1(c) __ 2(c)__ 3(b)__ 4(a)__ 5(c)__ 6(b)__ 7(d)__ 8(d)__ 9(c)__ 10(c)__ gesamt: __ P.

Nicht immer sind unsere Antreiber als negativ zu bewerten. Bis zu einem gewissen Grad können sie tatsächlich motivieren, und jeder Antreiber bringt auch etwas Gutes mit. Der Grad zwischen Motivation und zu hohen Anforderungen, die an uns gestellt werden und die wir schließlich unterbewusst auch an uns selbst stellen, ist schmal und kann nicht immer sofort klar erkannt werden. Fühlst du dich wohl mit den Auswirkungen, die deine inneren Antreiber auf dich haben, ist alles im grünen Bereich. Üben sie Druck aus, solltest du sie durch positivere Antreiber ersetzen, die dich wirklich motivieren, stärken und ermutigen. Die positiven Eigenschaften eines jeden Antreibers möchte ich dir natürlich nicht vorenthalten:

Sei stark = große innere Stärke, Durchsetzungsvermögen, Unabhängigkeit

Sei perfekt = Sinn für Vollkommenheit und Schönheit, ein Gefühl für Details

Mach es allen recht = hohe Sensibilität, Empathie, Besonnenheit und Achtsamkeit

Beeil dich = hohe Leistungsbereitschaft, viel Energie für Aktivität, Blick nach vorn

Streng dich an = große Willenskraft, Durchhaltevermögen, Beharrlichkeit

Bis 30 Punkten sprechen wir von förderlichen Antreibern, die dich »am Laufen halten« und deine positiven Eigenschaften herauskitzeln.

Ab 30 Punkten können deine Antreiber deine innere Einstellung und dein Verhalten sowohl dir selbst als auch anderen gegenüber negativ beeinflussen und Konflikte und Stress begünstigen.

Ab 40 Punkten können sich deine inneren Antreiber schädlich auf deine Gesundheit auswirken. Hier ist besondere Vorsicht und Achtsamkeit geboten!

Dankbarkeits*Meditation*

Ich möchte dich jetzt mitnehmen auf eine kleine Reise. Eine Reise, die dich mit Dankbarkeit und Glück erfüllen wird. Mach es dir jetzt erst einmal bequem. Schließe die Augen. Komm zur Ruhe. Und atme tief ein und aus.

Ein ... und wieder aus.

Ein ... und wieder aus.

Entspanne dich, und spüre, wie dein Körper immer schwerer wird. Und dein Atem immer ruhiger und tiefer.

Nun lass uns auf die Reise gehen. Zurückgehen zu einem Moment, in dem du so richtig glücklich warst, in dem du dich gut gefühlt hast, in dem du laut lachen musstest oder vielleicht sogar weinen vor Freude. Ein Moment, in dem du tiefe, tiefe Dankbarkeit gespürt hast. Dankbarkeit, dass du das jetzt erleben darfst, dass dein Leben dir diesen Moment geschenkt hat. Versetze dich in diesen Moment zurück. Und zapfe auch dieses Gefühl noch einmal an.

Die Zufriedenheit. Die Glückseligkeit. Die Dankbarkeit.

Und wenn du möchtest, dann sage jetzt laut oder in Gedanken einfach noch mal danke.

Danke.

Nun lass uns weitergehen auf deiner Dankbarkeits-Reise. Erinnere dich an einen weiteren Moment, der dich glücklich gemacht hat. Das muss kein großer, einschneidender Moment gewesen sein. Vielleicht war es ein ganz normaler Tag. Aber irgendetwas hat dich tief in deinem Herzen getroffen. Und da gab es diesen Moment, an den du jetzt voller Dankbarkeit zurückdenkst. Weil es einfach so schön war. Versetze dich noch einmal in diesen schönen Moment. In diese Situation, in der die Welt vollkommen in Ordnung war.

Sage laut oder in Gedanken einfach noch mal danke.

Danke.

Lass uns jetzt weiterwandern durch dein Leben. Ein bisschen mehr ins Hier und Jetzt kommen und auch hier wieder nach dem suchen, für das du dankbar bist. Denke jetzt vielleicht an einen Moment in den letzten Wochen, für den du dankbar bist. Ein gutes Gespräch. Ein ausgelassener Moment, in dem du dich ganz leicht und frei und gut gefühlt hast. Eine Situation, in der du dich vollkommen geliebt gefühlt hast. Vielleicht auch etwas, das du hinter dich gebracht und überwunden hast.

Atme tief das Glück und die Zufriedenheit ein, die du für diesen Moment spürst. Und sage laut oder in Gedanken danke.

Danke.

Wir reisen weiter durch dein Leben. Wir machen den Blick weit, und im hellen Licht deiner Dankbarkeit entdeckst du noch so viele andere Dinge, für die du Dankbarkeit spürst. Du siehst die Menschen, die dein Leben so viel schöner machen. Die dich lächeln lassen. Die dich unterstützen. Menschen, die du liebst, und Menschen, die dich lieben. Menschen, die dein Leben bereichern.

Sage laut oder in Gedanken danke dafür, dass diese Menschen in deinem Leben sind.

Danke.

Lass uns auch auf dich selbst schauen. Auf deinen Körper. Und auch, wenn du vielleicht nicht mit allem einverstanden bist an deinem Körper, so kannst du auch ihm danken. Dass deine Füße dich tragen. Dass du Hände hast, mit denen du fühlen, formen, gestalten, berühren kannst. Dass deine Augen dir ermöglichen, so viel Schönes zu sehen. Für deine Ohren und das, was sie dich hören lassen. Deine Nase, die dich wunderbare Dinge riechen lässt. Und deinen Mund, der dich schmecken lässt. Dein Körper ist ein Wunder. Für alles, was an deinem Körper funktioniert, darfst du dankbar sein.

Danke.

Danke für das, was mein Körper für mich leistet. Danke, dass er mir ermöglicht, das umzusetzen, was mein Herz und Hirn sich wünschen.

Danke.

Und wieder reisen wir weiter. Voller Dankbarkeit. Und entdecken so viele schöne Dinge um uns herum. Dinge, die unser Leben einfacher machen. Dinge, die uns Spaß machen. Dinge, für die wir vielleicht lange gekämpft haben. Oder gespart. Dinge, deren Existenz wir vielleicht aber auch nie infrage gestellt haben. Aber die wir auch nicht missen wollen in unserem Leben.

Und wir machen uns bewusst, wie dankbar wir dafür sein dürfen, dass wir all das haben. Sage ruhig auch dafür einmal laut oder in Gedanken danke.

Danke.

Wirf den Blick vielleicht auch in Gedanken auf die Natur. Auf die Schönheit der Natur. Die Wärme der Sonne. Den Duft von Regen. Das satte, kräftige Grün. Spüre Dankbarkeit für die Orte, die du gern aufsuchst. An denen du Kraft und Energie tankst. Oder einfach mal allein sein kannst.

Danke dafür, dass die Natur uns den Sauerstoff schenkt, den wir zum Atmen brauchen. Das Wasser, das wir zum Leben brauchen. Das Essen, das wir zum Leben brauchen.

Danke.

So vieles in deinem Leben ist ganz wunderbar, macht dich glücklich, ist einfach dankenswert. Und es ist immer da. Es ist immer etwas da, was gut und richtig und schön ist. Als Schatz in deinen Erinnerungen. Aber auch, wenn du den Blick weit machst und voller Liebe auf das schaust, was um dich herum ist. Auf die Menschen. Auf die Gegenstände. Auf die Natur. Auf dich und deinen Körper. Auf die Momente, die Spaß machen. Vielleicht sogar auf die Situationen, die einst nicht so schön waren, aber an denen du wachsen konntest, und die letztlich dafür gesorgt haben, dass du jetzt da bist, wo du bist.

Das Leben ist ganz wunderbar.

Es gibt so viel Schönes für dich zu entdecken. Mit diesem Gedanken, mit einer tiefen Dankbarkeit, kommst du jetzt langsam zurück ins Hier und Jetzt.

Atme noch ein paarmal tief durch … ein und aus.

Und dann öffne die Augen, und erfreue dich an den vielen, vielen schönen Dingen, die du um dich herum sehen kannst. Ich wünsche dir einen wundervollen Tag voller Dankbarkeit.

Die Meditation kannst du auch unter folgendem Link online anhören:

MUT MACHENDES *Selbst* GESPRÄCH

Liebe/r ____________________,

ich weiß, dass du es manchmal nicht leicht hast. Ich sehe deine Schwierigkeiten und Probleme, deine Sorgen und Ängste. Das ist völlig okay. Sie dürfen da sein. Auch wenn du nicht immer alles richtig machst, bist du ein wertvoller und liebenswerter Mensch.

Du hast in deinem Leben bereits so so viel geschafft. Zum Beispiel ____________________ oder ____________.

Das hast du ganz wunderbar gemacht und hast dafür Respekt und Wertschätzung verdient. Vor allem auch deinen eigenen Respekt. Halte dich nicht so viel mit der Meinung anderer auf, und lass dich durch ihre Kritik nicht allzu sehr herunterziehen.

Wichtig ist, dass du deinen eigenen Weg gehst, der sich für dich persönlich stimmig anfühlt. Mache deine Wünsche und Bedürfnisse zur Priorität in deinem Leben, nur so bist du in der Lage, auch anderen Menschen zu helfen.

Denk immer daran: Du darfst dich um dich selbst kümmern. Du darfst Pausen machen. Du darfst dich ausruhen. Du bist niemandem Rechenschaft schuldig.

Du darfst Nein sagen und deine Grenzen deutlich machen. Das ist nicht etwa egoistisch, sondern lebensnotwendig.

Du bist wichtig, und deine Gefühle sind wichtig, vergiss das nicht. Auch dann, wenn andere Menschen nicht deiner Meinung sind.

Du wirst erfolgreich sein und glücklich und dir genau das Leben erschaffen, das du leben möchtest.

Du wirst ____________________ erreichen! Und du wirst ____________________ haben. Ganz sicher!

Du bist zu jeder Zeit beschützt und geliebt und darfst in dein Leben vertrauen.

In Liebe

Dein/e

____

50 positive *Affirmationen*

1. Ich vertraue dem Fluss meines Lebens.
2. Ich bin zur richtigen Zeit am richtigen Ort.
3. Ich darf Fehler machen.
4. Ich schaffe das.
5. Ich bin zu jeder Zeit sicher und beschützt.
6. Ich höre auf mein Bauchgefühl und lege Pausen ein, wenn ich sie brauche.
7. Ich respektiere meine Grenzen und kommuniziere sie offen nach außen.
8. Ich gehe kleine Schritte und setze mir erreichbare Ziele.
9. Ich höre auf meinen Körper und gönne ihm ausreichend Ruhe, Bewegung und gute Nahrung.
10. Mir kann nichts passieren und wenn doch, lerne ich, damit umzugehen.
11. In mir befindet sich ein sicherer Raum, zu dem nur ich allein den Schlüssel habe.

12. Ich denke in Lösungen statt in Problemen.
13. Ich kann meinem Körper zu jeder Zeit voll und ganz vertrauen.
14. Ich kann so viel mehr, als ich zum jetzigen Zeitpunkt weiß.
15. Alles wird gut.
16. Ich gönne mir genug Ruhe, um meinen Geist zu entspannen.
17. Ich nehme mein Leben in die Hand.
18. Ich weiß, was ich kann, und glaube an mich selbst.
19. Ich schätze das, was ich bereits in meinem Leben habe.
20. Ich bin stolz auf meine Erfolge.
21. Selbstbewusst Nein zu sagen ist kein Egoismus.
22. Ich bin ein wundervoller und wertvoller Mensch.
23. Ich tue, was sich für mich persönlich gut und richtig anfühlt.
24. Ich akzeptiere mich genau so, wie ich bin.

25. Ich kümmere mich gut um meine Seele und meinen Körper.

26. Ich strahle Ruhe, Gelassenheit und Selbstsicherheit aus.

27. Ich folge meinem Herzen, meinem Bauchgefühl und meiner Intuition.

28. Ich habe Geduld mit mir selbst.

29. Ich treffe meine Entscheidungen aus vollem Herzen.

30. Ich muss mich nicht verstellen, ich bin gut so, wie ich bin.

31. Ich bin wichtig, und meine Bedürfnisse sind wichtig.

32. Ich höre auf meine innere Stimme.

33. Ich erschaffe mir ein Leben, das mich jeden Tag glücklich macht.

34. Ich bin eine Bereicherung für jeden, der mir begegnet.

35. Alles darf sein, jedes Gefühl hat seine Berechtigung.

36. Ich darf loslassen und die Kontrolle abgeben.

37. Ich traue mir Dinge zu und probiere Neues aus.
38. Ich erledige die Dinge in meinem eigenen Tempo.
39. Meine Beziehungen sind voller Liebe und Freude.
40. Ich lasse meine Vergangenheit los und verzeihe mir selbst und anderen.
41. Nur weil ich etwas jetzt nicht habe, heißt das nicht, dass ich es niemals haben werde.
42. Ich gehe achtsam durch den Tag.
43. Ich kann Nein sagen und trotzdem ein guter Mensch sein.
44. Ich bin wertvoll.
45. Ich muss kein schlechtes Gewissen haben, wenn ich mir Zeit für mich nehme.
46. Ich habe Gutes verdient.
47. Ich muss mich für meine Gefühle nicht rechtfertigen.
48. Je mehr ich loslasse, desto leichter wird es.
49. Meine Träume dürfen sich erfüllen.
50. Ich darf jederzeit meinen Weg anpassen und verändern.

Literaturverzeichnis

Amend, Lars (2017): *Why not? Inspirationen für ein Leben ohne Wenn und Aber.* Gräfe und Unzer

Bernstein, Gabrielle (2017): *Das Universum steht hinter dir: Wie wir Angst in Vertrauen verwandeln.* L. E. O.

Brahm, Ajahn (2006): *Die Kuh, die weinte. Buddhistische Geschichten über den Weg zum Glück.* Lotos Verlag

Bucay, Jorge (2007): *Komm, ich erzähl dir eine Geschichte.* Fischer Taschenbuch

Byron, Katie/Mitchell, Stephen (2002): *Lieben, was ist. Wie vier Fragen Ihr Leben verändern können.* Arkana

Doyle, Glennon (2020): *Ungezähmt.* Rowohlt Verlag

Ende, Michael (1974): *Momo.* Carlsen Verlag

Frankl, Viktor E. (2018): *... trotzdem Ja zum Leben sagen: Ein Psychologe erlebt das Konzentrationslager.* Random House Verlagsgruppe

Haig, Matt (2021): *The Comfort Book. Gedanken, die mir Hoffnung machen.* Droemer Verlag

Hay, Louise L. (2009): *Liebe statt Angst: Das Buch der heilenden Gedanken.* Allegria

Hay, Louise L. (2013): *Wahre Kraft kommt von innen.* Allegria

Oettingen, Gabriele (2015): *Die Psychologie des Gelingens.* Pattloch

Prieß, Mirriam (2013): *Burnout kommt nicht nur vom Stress. Warum wir wirklich ausbrennen – und wie wir zu uns selbst zurückfinden*. Südwest

Ruiz, Don Miguel (2006): *Die vier Versprechen. Ein Weg zur Freiheit und Würde*. Allegria

Seiler, Laura Malina (2017): *Mögest du glücklich sein. Entdecke dein Höheres Selbst und verbinde dich mit deiner inneren Kraft*. Komplett Media

Stahl, Stefanie (2015): *Das Kind in dir muss Heimat finden. Der Schlüssel zur Lösung (fast) aller Probleme*. München, Kailash.

Stahl, Stefanie (2017): *Das Kind in dir muss Heimat finden. In drei Schritten zum starken Ich. Das Arbeitsbuch*. Kailash

Stahl, Stefanie (2017): *Jeder ist beziehungsfähig. Der goldene Weg zwischen Freiheit und Nähe*. Kailash

Tolle, Eckhart (2010): *Jetzt! Die Kraft der Gegenwart. Ein Leitfaden zum spirituellen Erwachen*. J. Kamphausen

Tomuschat, Julia (2016): *Das Sonnenkind-Prinzip: Selbstliebe, Leichtigkeit und Lebensfreude wiederentdecken*. Kailash

West, Brianna (2022): *101 Essays, die dein Leben verändern werden*. Piper Verlag

DAS NEUE BUCH

ab 2. November 2023
im Handel erhältlich

Christina Hillesheim

Entspannt statt ausgebrannt – Dein Übungsbuch

100 kleine Gedanken, Tipps und Übungen
für mehr Ruhe, Vertrauen und Leichtigkeit

ISBN 978-3-8312-0628-5

22,00 € (D), 22,60 € (A)

KOMPLETTMEDIA